KB074537

말의 경쟁력

말의 경쟁력

초판 1쇄 발행 | 2022년 11월 21일
초판 3쇄 발행 | 2022년 12월 01일

지은이 임경희
발행인 이승용

편집주간 이상지
마케팅 이정준 정연우
북디자인 이영은 | 홍보영업 백광석
기획 백작가

브랜드 치읓
문의전화 02-518-7191 | 팩스 02-6008-7197
홈페이지 www.shareyourstory.co.kr
이메일 publishing@lovemylif2.com

발행처 (주)책인사
출판신고 2017년 10월 31일(제 000312호)
값 16,000원 | ISBN 979-11-90067-61-4 (13320)

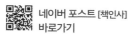
네이버 포스트 [책인사]
바로가기

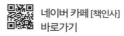
네이버 카페 [책인사]
바로가기

인간관계를 지배하는 최적의 전략

말의 경쟁력

임경희 지음

공격적 대화, 무의미한 논쟁에 지친 현대인들의 지침서

"내 인생을 바꾸고 싶다면
말하는 방식부터 달라져야 한다!"

센스 있는 말로 마음의 문을 여는 8가지 방법

프롤로그

나도 말 잘하는 사람이 되고 싶다

관계 자산(relation capital)이라는 말이 있다. 저명한 경제학자 자크 아탈리는 본인의 책에서 가난함에 대해 "지금까지는 '갖지' 못한 것을 의미했으나, 가까운 미래에는 '소속되지' 못한 것이 될 것"이라고 말했다.

인간관계의 최고 경쟁력은 '대화'를 잘하는 사람이다. '대화를 잘 이끄는 사람', '말을 잘하는 사람'은 상대의 마음과 호감을 얻기 수월하다. 이런 사람이 관계의 중심에 선다.

특히, '관계주의' 성향을 가진 우리나라 사람들의 특성상, 이 대화의 기술은 직장 생활에서도 중요한 역할을 한다. 실제로 직장인 1,441명을 대상으로 '사람인'에서 조사한 결과, 직장생활에서 대화의 기술이 중요한 역할을 차지한다고 응답한 직장인의 비율이 무려 96%였다.

그중에서도 20~30대는 꼭 필요한 회사어로 '지혜롭게 잘 거절하는 거절어'를 1순위로 뽑았고, 40대는 '타인을 존중하고, 자신을 내세우지 않는 겸손어'를 1순위로 뽑았다.

이제 관계는, 경쟁력이다. 이런 사회에서는 '대화의 기술'이 반드시 필요하다.

누가 어떻게 말했는가에 따라서 상대의 마음은 달라진다. 대화의 표현에 따라 결과가 달라진다. 대화의 고수가 되려면, 말을 잘하기 위해서 '해야 하는 것'과 '해서는 안 되는 것'을 숙지해야 한다.

하지만 말로 상대의 마음을 잡는 일이 그리 쉬운 일은 아니다. '듣고 싶어 하는 말', '목적을 이룰 수 있는 말', '정보를 전달하는 말'과 같이 정보의 전달과 협상, 설득에서 주장까지, 분야 또한 다양하기 때문이다.

이 책에는 1,000명 이상의 CEO와 소통하고, 20년간의 수많은 기업 강의를 통해 깨우친 대화의 기술에 대한 내 모든 노하우를 담았다. 말의 시작과 규칙, 경청, 설득, 태도와 기술, 그리고 품격과 진정성까지, 상황 예시와 함께 최대한 군더더기 없이 핵심만 담아 명확하게 전달하고자 했다.

누구나 호감을 받기를 원한다. 많은 사람에게 사랑받는 삶을 상상한다. 대화의 기술은 이런 상상을 현실로 만들어 주는 마법이다. 이제, 마음을 열고 다음 페이지로 넘어가보자.

이 책을 읽고 나면 당신도 인간관계의 달인, 말의 고수가 되어 있을 것이다.

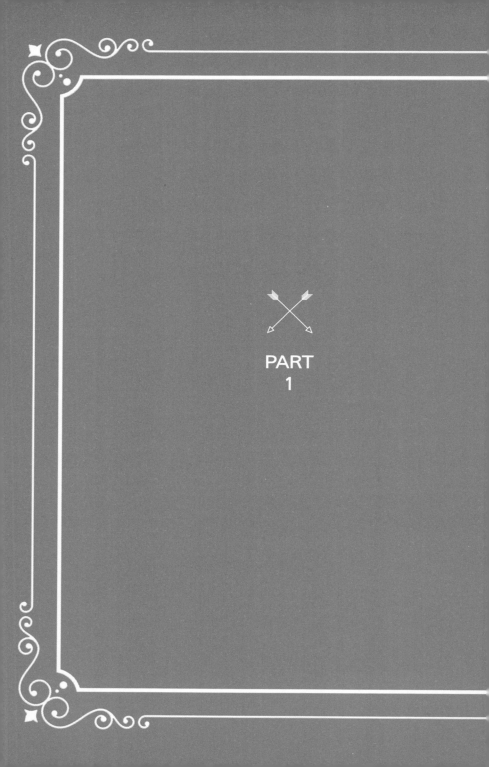

PART
1

말의 시작

인상 깊은 첫인상을

만드는

말의 경쟁력

처음이 반이다

무엇이든 처음이 있다. 인간관계 역시 마찬가지다. '시작이 반'
이라는 말이 있듯, 첫 만남에서 관계의 반이 형성된다. 처음이
좋으면 다음이 있기 마련이고, 다음이 지속되면 인연이 된다.
이때, 처음이 좋기 위해 가장 중요한 건 '말'이다.

첫 만남에서 눈으로 파악하는 것은 3초면 모든 것이 끝난다.
단 3초면 호불호가 정해지는 것이다. 이후부터 기준이 되는 것
은 결국 '말'이다.

'참 친절하더라.'
'겸손해서 보기 좋더라.'

대화가 통하면 외적인 요소는 한참 다음 순번으로 밀려나

게 된다.

반대로 말실수는 처음을 끝으로 만든다.

더 안타까운 점은, 본디 말실수는 상대는 기억해도 나는 기억하지 못함에 있다. 기억을 못하니 관계가 틀어져도 다른 곳에서 이유를 찾는다. 그러니 해답을 알 길이 없다.

이유도 모른 채 기다리는 이에게 연락이 없으면, 답답해지고 자책이 시작된다.

'내가 무슨 실수를 한 걸까? 왜 연락이 없는 거지?'

그러는 동안, 상대는 이미 나를 평했을 테다.

'그 사람 자기 말만 늘어놓지 뭐야.'
'다시 보고 싶지 않은 사람이야.'

사람들이 하는 후회 중에 절반은 '말'이다. 되돌리기엔 이미 늦었다.

'왜 그 말을 했을까.'

'나는 이 입이 문제야.'

　많은 사람이 대화의 기본을 알지 못하고 생각 없이 말한 탓에 자책을 반복한다.

　사람은 외모보다 말에서 호감을 얻는다.

　좋은 시작은 '좋은 말', '좋은 대화'에서 탄생한다.

탓하지 말기

말, 대화에도 기본이 있다.

기본을 무시하면 인간관계가 줄어든다. 자신이 평소에 오해사는 일이 자주 있다면, 대화의 기본을 모르고 있다는 뜻이다.

대화의 기본을 모르는 사람은 자꾸 남을 꾸짖는다.

"이 말이 그렇게 어려워?"

"정말 못 알아듣는 거야?"

"너 귀 막고 듣니?"

본인은 미칠 노릇이라며 이야기하지만, 이럴 땐 사실 상대가더 답답하다.

이유가 뭘까?

상대는 이해를 못 한 게 아니라, 하기가 싫다. 연설이 아닌 이상, 대화는 쌍방향이다. 결승점을 향해 혼자 내달리는 경주가 아니다. 일방적으로 이해시키는 것이 아니라, 주거니 받거니 하며 소통(疏通)이 되어야 한다. 뜻이 '서로' 통하여 오해가 없어야 하는 것이다. 내 말만 앞세우면, 소통은 불가능해진다.

대화의 기본을 모르는 사람은 무엇이 문제인지 모른다. 그저 못 알아듣는 상대를 답답해한다. 그리곤 애써 이 상황을 이해해 보려 고민하고 내놓은 답이 '자신의 설명이 부족했다'이다.

'설마 이렇게 설명하면 알아듣겠지?'

끝까지 상대가 자신의 주장에 동의하지 않자, 백과사전처럼 따박따박 다시 설명하기 시작한다.

그러나 추가 설명은 아무 소용이 없다. 하는 사람은 에너지를 쏟아서, 듣는 사람은 고달파서 짜증 날 뿐이다.

일방적으로 말을 내뱉는 게 습관이 된 사람들은, 늘 내가 먼저다. 심지어 약속에 늦었을 때도 외부 환경 탓을 하며 내 입장만

전한다.

"오는데 길이 너무 막혔습니다."
"공사로 길을 막아놔서 돌아왔습니다."

안타깝지만 이때도 이들은 무엇이 잘못됐는지 알지 못한다.
상대는 내가 뭘 타고 왔든, 길이 막혔든, 사실 궁금하지 않다.

"기다리시게 해서 죄송합니다."

늦었을 땐, 진정한 사과면 된다. 핑계는 필요 없다.

기본적으로 이들은 자기 말에는 문제가 없다고 생각한다. 말의 고수가 되고 싶다면 먼저 그 생각부터 버려야 한다. 나쁜 버릇은 바닥까지 버리자. 대충은 안 된다. 그랬다간 결국 전과 같거나 전보다 더 나쁘거나, 결과는 둘 중 하나다.

좋은 인간관계를 맺으려면 반드시 기본을 알고 가야 한다.
그렇다면, 대화의 기본은 무엇일까?

사전 정보는 필수

여기 제주도로 여행을 가는 두 커플이 있다.

한 커플은 아무 준비도 없이 출발했다.

다른 커플은 비행기 예매부터 숙소까지 꼼꼼히 살폈다. 체크할 때는 어느 곳이 가격 대비 실용적인지는 필수다. 비행기는 탄력 운임제라서 변동이 크다는 것도 준비하며 처음 알게 됐다.

아무 준비 없이 출발한 커플은 평소 다른 습관도 비슷하다.

"그깟 거 할인해서 뭐 해. 얼마나 된다고."

꼼꼼한 커플은 다르다.

"여기 사이트로 예약할까?"
"안 돼, 더 비교해보고 할인 이벤트 하는 곳으로 하자!"

　사전 준비를 소홀히 한 커플은 더 큰 비용을 내고 숙소에 머물렀다. 같은 음식점 같은 메뉴를 먹는데도 더 큰 금액을 계산했다. 준비가 철저했던 커플은 각종 이벤트에 응모해 30%나 할인받았다. 탄력 운임을 몰랐던 커플은 거의 배에 가까운 비행깃값을 지출했다.

　이후 두 커플은 여행 총경비를 비교해봤다. 이들은 같은 호텔과 같은 음식점, 같은 렌터카를 이용했다. 하나씩 비교했을 때는 크지 않았지만, 전체 금액을 비교하니 어마어마한 차이가 났다.

　같은 상황인데도 돈을 더 잘 벌고 더 잘 모으는 사람이 있다. 딱히 뛰어난 기술이 있어서라기보다, 이들에게는 한 가지 공통점이 있다. 이들은 평소 사전 정보를 수집하는데 부지런하다.
　인간관계도 이와 비슷하다.
　처음 누군가를 만나게 되면 긴장하기 마련이다. 성격은 어떤 사람일까. 뭘 좋아하는 사람일까. 만약, 성과를 목적으로 만날 경우, 긴장은 몇 배가 된다. 그러나 상대를 알고 있으면 두려울 게 없다.

사람을 처음 만날 땐 사전 준비가 필수다. 미리 준비하는 이유는 내가 편해지기 위해서다. 단, 지나치면 안 된다.

객관적 취미 등이 이에 해당한다. 영화, 드라마, 스포츠처럼 객관적 사실을 토대로 조사된 것이 좋다. 난데없이 개인만 알 수 있는 것을 말하면, 큰 오해를 살 수 있다. '내 뒷조사라도 했나?' 싶어 불쾌해진다.

상대의 성향을 알면, 긴장이 줄어 말이 술술 터져 나온다.

"아, 꽃을 좋아하시는군요."

상대가 꽃을 좋아한다는 걸 미리 파악해두고 꽃에 대한 여러 정보를 입력한 상태라면, 지금이 기회다. 사람들이 잘 모르는 꽃 이름을 말해본다.

"저도 꽃을 좋아하는데, 특히 리시안서스를 좋아합니다."
"와, 리시안서스를 아세요? 그 꽃, 이름은 모르는 분이 많은데."

"저도 꽃에 관심이 많거든요."

동일 관심사를 가졌다는 생각에, 관계는 급속도로 친밀해진
다. 끊기지 않는 대화는 이렇게 시작된다.

불필요한 정보는 없다

처음 보는 사람에 대해선 애를 써도 정보 파악이 쉽지 않을 때가 있다. 말 그대로 어쩔 수 없는 경우다. 이럴 때면 대화가 중지되어 서로 민망해질 수 있다. 정보수집이 많아야 하는 이유일 테다.

많이 보고 읽으면 다양한 말거리가 저장된다. 상대와 대화가 끊겼을 때, 이런 정보들이 구실을 한다.

단, 딱딱한 정치 이야기나 돈에 관련된 이야기는 의견이 다를 수 있으니 피하는 게 좋다.

"요즘에는 무인 카페가 많다고 하던데. 혹시 가보셨나요?"

상대와 카페에 있는 상황이라면 주변을 이야깃거리로 끌어와도 좋다. 공감이 쉬워 끊긴 말을 잇기가 수월해진다.

이때 던진 주제에 대한 지식이 있어야만 한다.

"무인 카페는 주인이 상주하지 않는대요."

혼자 말하는 건 연설이다. 대화를 나누려면 상대가 물어보고 싶게 말해야 한다. 상대가 질문하도록 이어가면 더 좋다.

"정말이요?" 하고 놀라거나 "그럼 주문은요? 어떻게 계산해요?" 하고 물을 수 있도록 해야 한다. 먼저 주문이나 계산 방법까지 미리 다 말해주면, 상대는 물어볼 기회를 상실한다.

상대가 질문할 수 있어야, 대화가 이어진다. 이것이 제일 좋은 대화 방법이다.

"자기가 직접 커피를 내려 마셔야 해요. 계산도 알아서 하고요."

또 질문거리와 답할 거리가 생긴다. 점점 대화에 생기가 돈다.

"계산을 안 하면요?"

이제는 웃을 거리도 생긴다. 대화가 재미있어진다.

"손님들 양심에 맡기는 거죠. 계산을 안 해도 사실 어쩔 수가 없겠죠?"

상대도 뭔가 떠오른 듯 말을 잇는다.

"아, 요즘 아이스크림 파는 무인 가게랑 비슷한 형식인가 보군요."

"아, 맞다. 그러네요!"

또 웃을 일이 생긴다. 맞장구까지 쳤으니, 십 미터쯤 더 가까워진다.

임기응변에 능한 사람이 되자. 많이 읽고 많이 보고 머릿속에 저장해두자. 불필요한 정보는 없다. 뭐든 알아두면 쓸 일이 생긴다. 대화에선 더욱 그렇다. '그딴 거 알아서 뭐 해'라고 생각하지 말고 '아, 그런 게 있구나'라고 생각하자.

정보가 많은 사람은 임기응변에 능숙해진다.

임기응변에 능숙한 사람은 첫 만남에도 긴장하지 않는다.

시작이 반이다. 대화도 처음이 반이다!

목적은 분명히

대화는 요리와 공통점이 참 많다.

같은 재료로도 요리사들이 다르게 맛을 내듯, 누가 이끄는가에 따라 맛의 말이 달라진다.

동태찌개로 소문난 맛집이 있다. 방송사에서 찾아간 리포터가 주인에게 물었다.

"동태찌개는 흔한 요리인데, 어떻게 소문이 날 수 있었나요? 비법이 뭐죠?"

"예, 우린 기본 재료에 동태랑 무만 넣어요. 동태찌개는 원래 무만 넣어 끓여야 맛있거든요."

동태가 제맛을 내는 비결은 이것저것 넣지 않는 것에 있었다. 비린내를 잡으려면 많은 재료가 필요할 거라고 생각하기 쉬운데, 오히려 그게 아니라는 거다. 무만 넣었을 때 훨씬 시원한 맛이 난다.

"동태찌개가 동태만 맛있으면 되죠. 안 그래요?"

당연한 말인데 특별하게 들린다.

이 요리의 목적은 하나다. 바로 '동태'를 맛있게 하는 것. 단순히 재료를 많이 쓴다고 맛있는 요리가 되는 게 아니다. 오히려 가만 보면 요리 못하는 사람이 더 많은 재료를 쓴다.

대화도 마찬가지다. 이것저것 섞어 말하면 이 맛도 저 맛도 아니게 되기에 십상이다. 목적 없이 나누는 대화는 맛을 잃는다. 대화라는 식탁 위에 무엇을 차릴지 분명해야 좋다.

오늘 대화가 왜 필요한지, 그로 얻게 되는 건 무엇인지, 명확히 하는 것이 먼저다.

동적인 사람과 정적인 사람의 구별

동적인 사람이 있고 정적인 사람이 있다. 이런 경우, 상대의 성향에 따라 대화의 결을 구분하는 것이 좋다.

동적인 사람은 취미도 동적이고 정적인 사람은 취미도 정적이다. 운동이나 여행, 등산 등을 좋아하는 사람은 움직임이 크다. 동적인 사람이다. 반대로 책이나 그림을 즐기고 음악 듣기가 취미라면, 정적인 사람이다. 동적인 사람은 다리가 더 발달하고 정적인 사람은 귀가 더 발달한다고 한다.
대화에서 이 구별은 굉장히 중요하다.

동적인 사람은 동적인 일에 관심이 크다. 축구를 좋아한다면 배구 얘기를 해도 싫어하지 않는다. 그렇지만 난데없이 베토벤

이나 피카소 얘기를 꺼내면 흥미가 떨어지기 쉽다. 지식이 많은 척한다고 생각하게 될 수도 있다.

반대로 정적인 사람에게 동적인 말은 삼가는 게 좋다.

"다음에 등산 한번 같이 안 가실래요?"

등산에 대한 해박한 지식이 있어도 소용없다. 상대는 관심 밖이다. 한마디씩 길어질 때마다, 상대는 십 미터씩 멀어진다.

동적인 사람과는 동적인 대화를, 정적인 사람과는 정적인 대화를 나눠야 한다.

"제가 야구 동호회 회원이거든요. 세 번에 한 번은 안타를 칩니다."

이 말에는 동적인 사람이 혹해서 질문할 것이다.

"제가 수채화 감상이 취밉니다. 수채화는 순수해서요."

이 말에는 정적인 사람이 혹해서 질문할 것이다.

상대의 성향을 빨리 구별해내자. 앞서 얘기했듯, 미리 파악하면 더 수월하다.

　동적인 사람과 정적인 사람만 구별할 수 있어도, 상대를 보다 쉽게 내 편으로 만들 수 있다.

대화 중에도 생각하기

대화를 시작하기 전에 먼저 생각 스위치를 올려야 한다. 말하기 전에 생각하고, 대화 중에도 생각해야 한다.

늘 즐거운 사람이 없고 매일 슬픈 사람도 없다. 하루하루의 날씨가 다르듯 사람의 기분과 감정도 매일 변한다. 모두 예측 불가다.

'지난번 봤을 때 쾌활한 성격이었어.'
'나는 이 사람을 잘 알아.'

상대에 대해 오래 봤든 짧게 봤든 절대 내가 아는 이미지가 전부라고 예단하지 않아야 한다. 과거에 수집한 정보에 기대어 현재의 정보를 놓치는 실수를 범해선 안 된다. 오늘의 상대는 다른 상태일 수 있다.

"카페 말고 공원 가실래요?"

평소 쾌활한 성격이었다고 해도 오늘따라 상대의 기분이 가라앉아 보인다면, 장소이동을 권유하는 것도 좋다. 단, 물어야 한다. 냅다 생각 없이 "공원 가시죠"라고 하면 상대의 반감을 불러일으킬 수 있다. 만일 이미 내뱉었다면 재빨리 다시 생각하자.

"걸어서 1분 거리에요. 리프레시도 될 거고요."

정보가 정확하면 상대가 긍정할 확률이 높아진다. 공원 산책은 긴장 해소에 좋다. 벤치에 나란히 앉아 대화를 나누는 것은 상대의 부담을 줄여준다. 분위기를 자연스럽게 풀어주는데 좋은 방법들이다.

상대가 대화에 영 집중하지 못할 땐 육체 언어를 활용하면 좋다. 팔과 손을 전달 기관으로 이용하는 것이다. 만났을 때 악수하거나 가벼운 포옹을 하는 것도 육체 언어의 일부다. 안부 인사를 대신하는 것이다.

"호수가 마름모꼴이었어요." 하고 입으로만 말할 때와 손으로 마름모를 그리며 말하는 건 다르다. 더 구체적인 육체 언어를 활용할 수도 있다. 메모지를 이용해 간단히 그림을 보여주는 식이다. 단, 빠르고 단순히 그려야 한다. 길면 곤란하다. 상대와 함께 보며 그리는 것도 좋은 방법이다. 대화에 참여하게 되면 상대는 더 호기심이 생기기 마련이다. 호기심이 올라가면 대화에 대한 집중력이 올라가는 것은 당연한 일이다.

몸의 대화는 이해를 높이기에 적절하다. 구체적이어야 할 경우, 미리 그려가는 것도 좋다. 만남을 준비한 표가 나서 신뢰를 얻기에도 좋다. 단, 복잡하지 않아야 한다. 말하는 도중 무관심하면 빨리 접는 게 관계에 유리하다.

대화 중에는 생각 스위치를 항상 켜두자.
순간 판단이 대화의 성패를 좌우한다.

말의 주인

1인이 말하고 다중이 듣는 상황이다. 지방선거에 출마한 후보가 목에 핏대를 세우고 연설 중이다.

"저는 재래시장 활성화에 나서겠습니다. 여러분!"
"여러분의 한 표가 우리 지역을 바꿉니다."

사람들이 환호하거나 한껏 비웃는, 흔한 유세장 풍경이다.
한편, 맞은편 커피숍에는 보험설계사가 상담자와 함께 앉아 있다.

"보장은 평생입니다."
"그런데 보험료가 만만치 않네요."

"그만큼 혜택이 크니까요."

"보험료만 저렴하다면….."

보험설계사의 설명에도 상담자는 고민 중이다. 결국, 다른 안내문을 펼친다.

여기에서 후보와 보험설계사의 공통점은, 말하는 중이라는 거다. 다른 점은? 한 사람은 일방적, 한 사람은 양방향의 차이다.

이때, 각각 말의 주인은 누구일까?

유세장은 일방적이라 후보가 주인 같겠지만, 사실 말의 주인은 듣는 유권자다. 보험설계사도 열심히 설명 중이지만, 말의 주인은 상담자다. 모두 상대의 결정으로 목적이 달성되기 때문이다.

그렇다면 설명만 잘한다고 목적이 달성될까?

아니다. 설명하려는 사람 역시 잘 질문하고, 답변에 경청할 줄 알아야 신뢰가 커진다. 좀 더 나아가서 메모까지 하면 더 좋다.

보험설계사가 상담자에게 질문한다.

"가족이 현재 다섯 분이시라는 거죠?"

답변을 꼼꼼하게 메모하는 모습에, 상대는 존중받는 기분을 느낀다. 답변을 들을 때는 고개를 끄덕이면 더 좋다. 파생 질문도 효과적이다.

"다섯 분 중 세 분이 성인이시라는 거죠?"

여전히 메모하되, 답을 서두르면 안 된다. 생각 없는 행동이다.

"천천히 답해주셔도 됩니다."

차를 한 모금 마시며 다음 대화를 어떻게 이어갈지 생각할 틈을 버는 것도 중요하다. 다음은 메모를 토대로 질문을 이어간다. 또 한 번의 존중에 대한 표시다.

만일 이야기를 시작하려는데 상대가 먼저 입을 떼거나, 설명 중에도 궁금한 것이 있어 보이면 일단 멈춰야 한다. 대화에 있어 가장 먼저 장착되어야 하는 것은 상대에 대한 존중이다.

존중에서 비롯된 경청은 큰 힘을 발휘한다. 상대를 가장 정확히 읽을 수 있는 힘. 상대를 읽어야 대화가 이어지고 관계도 이어진다. 적극적이라고 다 좋은 게 아니다. 말은 절대 제외다. 혼자 질주하는 듯한 대화는 절대 금물이다.

다음 회, 궁금하게 만들기

사람의 만남과 끝은 결국, 말이다.

만남의 시작이 자기소개라면, 끝맺음의 말은 다음의 기약이다. 말에 따라 그대로 끝일 수도, 다음을 약속할 수도 있다. 마지막 인사는 그만큼 중요하다. 끝인사 한마디로 나의 이미지가 정해지기도 한다. 상대가 누구든 마찬가지다.

"안녕히 가십시오."
"그럼 또 뵙겠습니다."

뻔한 인사는 감흥이 없다. 인사에 과감해지자.

"시간이 언제 이렇게 흘렀죠?"

"오래 기억되는 날이 될 것 같습니다."
"최근 가장 즐거운 날이었습니다."

이 인사는 오롯이 상대를 향해있다. 인사의 중심 내용에 상대가 있는 것이다.

돈이 드는 일도 아닌데, 우리는 생각보다 인사에 꽤 야박하다. 띄워주는 인사를 싫어할 사람은 없다. 호의는 부메랑처럼 돌아온다. 이제 뻔한 인사 대신 위와 같은 인사를 건네 보자. 그리고 이렇게 덧붙이자.

"또 어느 산에 올라가실지, 말씀해주세요."
"내일 밤 축구 경기 저도 보겠습니다."

드라마의 끝은, 다음 회를 궁금하게 만든다. 그렇듯, 약속을 받아내는 재주는 마지막 대화에서 발휘된다. 인상 깊은 마지막 대화가 다음을 기약하게 한다. 굳이 정확한 일정을 받아내지 않아도 된다. 상대 역시 이미 알고 있다. 우리의 만남이 다음으로 이어질 것을.

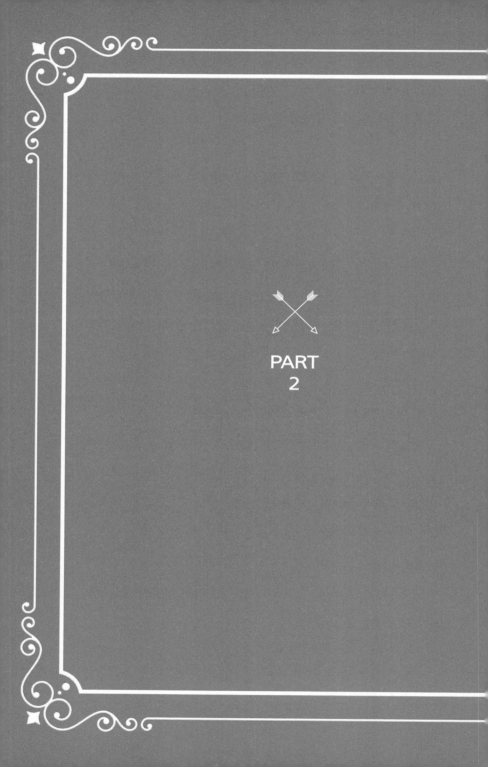

PART
2

말의 규칙

좋은 인연을
만들기 위한
말의 경쟁력

대화에도 신호가 있다

도로에 보면 5분 먼저 가려다 50년 먼저 간다는 무서운 경고 문이 있다. 문장의 의미를 알면서도 누군가는 반론한다.

"상대가 안 지켜도 사고 납니다?"
"5분 늦게 가도 사고 나는데. 뭔 소리?"

제법 맞는 말이지만, 모두가 신호를 지킨다면 반론은 무의미 해진다. 사고 대부분이 규칙을 위반해서 나는 것이므로. 신호 위반에 과속, 음주운전과 끼어들기 등 원인도 다양하다.

사전에 경고의 의미를 제대로 받아들이지 못하면, 규칙 위반 의 결과로 사고가 벌어진 다음에서야 뒤늦게 깨닫게 된다.

대화에도 규칙이 있다. 교통사고처럼 대화의 사고 역시 한순간에 벌어진다. 대화엔 일방통행로가 없어 더 위험하다. 사고가 나는 원인도 더 다양하다.

'알았으니, 그만 멈추시죠?'
'결국, 경고음을 누르게 하는군요.'

규칙 위반의 신호는 상대의 반응으로 알 수 있다. 휴대전화를 보거나 하품 등의 경고등을 켠다. 이때 신호를 무시하고 무작정 직진하면 사고가 난다. 이런 이미지로 각인되면, 다음부턴 대화 시작도 전에 상대는 경고등부터 켤 것이다.

반복된 말실수엔 아량이 없다. 한 번은 넘어가도, 두 번은 갸웃하고, 세 번엔 고개를 젓는다. 말의 잦은 실수는 실패를 부른다. 좋은 관계를 유지하기 위해서 대화의 규칙준수는 필수다.

도로를 달리는 차가 앞뒤 좌우를 모두 살피듯, 대화도 곳곳을 잘 살펴야 안전하다. 안전한 대화를 위한 대화의 규칙에는 어떤 것이 있을까?

고민에 대한 주관적 기준 이해하기

가장 편히 하고 가장 빨리 후회하는 게 '말'이다.

"가만히 있었으면 중간이라도 가지."
"아무 소용도 없는 말을 뭐 하려 한담?"
"아무 말 안 하고 있던 게 차라리 나았다."

이 말은 사람들이 평소에 자주 하는 말이자 듣는 말이다. 또한 쉽게 고치지 못하는 습관 중 하나이기도 하다. 이 말들의 공통점은 모두 과거형이라는 것이다. 그렇다는 것은 주워 담기가 불가능하다는 걸 의미한다.

"정말 너무 힘들어."

"뭘 어떻게 해야 할지 정말 모르겠어."
"너무 힘들어서 고통스러워."

주변에서 자주 듣게 되는 말이다. 상대는 큰 고민에 빠져있다. 사실 이 말의 핵심은 해결보다는 공감해달라는 것에 있다. 일종의 호소다. 그런데 우리는 공감은커녕 상처 주기 일쑤다. 또 실수가 이어진다.

"그럼 취업이 어디 쉽겠냐."
"야, 다 그래, 다 힘들어."
"나도 전엔, 나는 그때…."

상대의 고민에 "나도, 나는…"이 꼭 붙는다. 이렇게 되면 고민을 들어주고도 고맙다는 답도 듣지 못한다.
이유가 뭘까.

가장 큰 이유는 고민을 내 기준으로 해석해서다. 내겐 사소해 보여도 상대에겐 견딜 수 없는 고통일 수 있다. 고민은 보이지도, 잡히지도 않아서 괴롭다. 실체가 없으니 뻥 걷어찰 수도 없고, 답답한 마음에 털어놓은 건데, 우리는 그 마음을 들여다보지 못하고 말실수를 한다. 그쯤 별거 아니라는 듯.

시동 걸기 전에 안전띠를 매듯이, 말하기 전엔 생각의 띠를 매야 한다. 누군가 고민을 털어놓을 땐 내게 고민이 닥쳤던 때를 떠올리자. 나도 해결 방법을 찾던 게 아니다. 그저 들어줄 상대가 필요했을 뿐.

고민의 크기는 제각각이다. 객관적 기준이 없다. 내가 웃어도 상대는 울 수 있고, 내 귀에 좋은 소리가 상대에겐 소음일 수 있다. 사람은 모두 저마다의 기준이 다르다. 고민은 더 그렇다.
이게 바로 같은 고민, 다른 크기의 규칙이다.

침묵의 힘

침묵은 금보다 귀하다.

말하지 않고도 상대의 마음을 여는 최고의 연설로 기억되는 장면이 하나 있다.

'51초, 오바마의 침묵!'

2011년, 미국 애리조나에서 총기 난사 사건이 벌어졌다. 당시 추도 연설 중이던 버락 오바마는 희생된 아홉 살의 소녀를 언급하고 51초간 침묵으로 애도했다.

연설을 멈춘 그는, 10초 후 오른쪽을 쳐다본 뒤 20초 후 심호흡했으며, 30초 후에는 눈을 깜빡였다. 그렇게 51초간의 침묵이 흐른 다음, 어금니를 깨물고 연설을 다시 이어갔다. 평소, 그의 달변에도 조롱을 일삼던 이들도 이번 연설에는 찬사와 칭송의 박수를 보냈다.

때때로 침묵의 값어치는 어떠한 말보다도 크다.

고민을 털어놓을 땐 큰 용기가 필요하다. 털어놓으면서도 뚜렷한 해결책이 없는 것도 알고 있다. 그저 어깨를 다독이듯, 마음을 도닥여주길 바랄 뿐이다.

고민을 털어놓을 상대로 나를 선택해준 것은 외려 감사할 일이다. 문제는 우쭐해지는 마음에 있다. 남에게 충고하며 쾌감을 느끼는 마음.

"넌 지금 방법이 틀렸어."

"그렇게 해서 되겠냐, 그것도 몰라?"

"네가 그러니까 안 되는 거야."

충고한다지만, 해결책은 없다.

진정한 위로는 함께 고민하는 거다. 학교 친구라면, 직장 동료라면 상황은 대부분 비슷하다. 누가 누구의 문제를 해결할 수가 없다. 상대는 해결해 달란 게 아니다. 단지 함께해주길 바라는 거다.

'이럴 줄 알았으면, 말하지 말걸.'
'고민을 얘기할 상대가 아니었어.'

엉성한 위로가, 외려 내 평판을 망친다.

고민을 털어놓은 상대에게 가장 좋은 위로의 방법은 바로 '공감'이다.

"나도 그 입장이라면 그랬을 거야."

"정말 화났겠네."

"그래서 그다음엔 어떻게 됐어?"

답을 아는 척 말고, 같은 노선에 서서 보자. 상대가 바라보는 곳으로 시선을 돌리자. 같은 곳을 바라봐 주는 것만으로도 상대는 안도한다. 누군가 곁에 있다는 건 큰 위로다.

건넬 위로나 질문이 떠오르지 않는다면, 차라리 멍석을 깔아 주자.

"저녁 먹으러 가자. 저녁 먹으면서 하고 싶은 말, 다 해."

"술 한 잔, 어때? 속 풀릴 때까지 실컷 흉봐. 다 들어 줄게."

상대는 고민을 말할 곳이 필요했던 거지, 해결책을 말해줄 사람이 필요했던 게 아니다. 조용히 이야기를 들어주기만 해도 고마워한다. 저녁을 함께 먹지 않아도, 술 한잔의 위로 없이도 괜찮다. 상대가 이야기를 마칠 때까지 듣기만 하자. 시선을 맞추고 고개를 끄덕이되, 말은 숨기자.

'괜찮아. 다 들어주고 있어.'

목소리를 내지 않았는데도, 나와 대화를 나눈다고 여긴다. 괜찮다. 상대는 나의 작은 몸짓에도 위로받는다.

때론 침묵하는 게, 진짜 위로다.

거리두기가 필요할 때

"왜 나만 이런 건지."

"되는 일이 하나도 없네."

"남들은 쉽게 하던데, 난 운도 없지."

이 말들은 모두 부정적이다. 걸핏하면 남과 비교해 자신을 더 불행하게 만든다. 문제는, 이 부정적인 말이 습관이 된다는 거다. 누구도 부정적인 사람을 좋아하지 않는다. 심지어, 부정적인 사람도 상대가 부정적이면 경계한다.

직원들이 멀리하는 상사는 대부분 부정적이다.

"종일 이거밖에 못 한 거야?"

"어떻게 제대로 하는 게 없냐?"
"쓸만한 게 하나도 없잖아. 왜 다 이 모양이지?"

연중무휴 부정뿐이다. 너무 익숙해 나쁜 것을 우선 찾는다.

"겨우 반년 남았는데 대체 뭘 하나."
"반년이나 남았으니 시간은 충분해."

한 사람은 미래를 부정적으로 말하고 한 사람은 정반대다. 여기서 짐작되는 게 있다. 보지도 못한 두 사람의 지난 반년이다. 과연 누가 더 성과를 냈을까? 분명 긍정적인 사람이었을 것이다.

긍정의 말은 능률을 높인다. 부정적인 습관은 성장을 막는다. 결국, 부정도 말실수일 뿐이다. 인정하지 않는 건, 남 탓이라는 착각 때문이다.

누구도 내게 부정적으로 살라고 말한 적 없다.
부정과 거리 두기를 하자. 아예 이별해도 좋다.
말실수가 줄어, 주변에 사람이 늘고 능률도 오른다.

자신감과 자만심

"예, 최선을 다하면 가능하다고 생각합니다."
"설마 그것도 못 하려고요. 그쯤 제겐 아무것도 아닙니다."

둘 다 잘할 수 있다는데, 앞선 답엔 고개가 끄덕여지고 다음 답엔 찡그려진다. 많이들 하는 말실수인데, 자만심을 자신감으로 착각한 탓이다.
자만과 자신은 경계선이 분명하다.

"그 친구는 정말 자신감이 넘쳐 보여."
"자신감이 보기 좋아."
"잘할 것 같아."

자신감에 대한 평은 긍정적이다.

"그 사람은 자만심이 너무 강해."
"건방져서 보기 싫어…."
"자기가 제일 잘하는 줄 안다니까."

자신감은 다가오게 하고, 자만심은 멀어지게 한다. 그걸 모르고 자신을 더 돋보이게 하려 잘난 체를 한다.

"전 원래 타고났거든요."
"그쯤이야 식은 죽 먹기보다 쉽죠."
"전 실패한 적이 없습니다."

혼자 잘난 척은 봐줄 수 있다. 더 문제는, 누군가를 끌어들이는 거다. 허튼 우월감에, 허락 없이 누군가를 끌어들인다. 결국, 말실수로 사고가 터진다.

"김 대리는 못 할걸요?"
"그게 아무나 하는 게 아니거든요."

이 '아무나'에는, 당장 듣는 상대도 포함된다. 그나마 눈치가 빨라 "아, 과장님은 빼고요"라고 답하더라도, 한참 점수가 깎인 다음이다. 나를 자랑하려 남을 비하하는 것, 이 또한 말의 규칙 위반이다.

'혹시 내가 자리에 없어도?'
'믿을 사람이 절대 아니야.'

거기서 끝이면 좋으련만, 상대는 민망해서 웃는 것일 뿐인데 좋은 줄로 착각하고 혼자 질주한다.

"내가 그걸 얼마나 잘하는데요?"
"저는 정말 타고났거든요."

자만은 인간관계의 속도위반이다. 이제 상대는 인내심이 바닥난다. 하기는 좋고 듣기는 괴로운 게, 잘난 척이다.

착한 사람에게 밥을 사주고 싶은 법이다. 제아무리 뛰어난 재주도, 자랑하면 듣기 싫다. 밥은커녕 한자리에 앉기도 싫다. 그게 사람의 마음이다.

그런데도 못 멈추는 건, 자랑하지 않으면 모를 거라는 착각 때문이다.

진짜 실력은 어둠 속에서도 빛난다. 자랑을 일삼으면, 진짜 잘해도 무시당한다. 스스로 잘난 말은, 스스로 마시는 독이다.

끼어들기 금물

　운전을 하다 보면 끼어들기 사고가 자주 발생한다. 이유는 단순하다. 빨리 가고 싶기 때문이다. 끼어들기가 습관인 사람은 틈만 보이면 일단 끼어든다.

"아니 그래서, 결론이 뭔데?"

　대화 역시 끼어들기가 습관인 사람이 많다.
　이들은 대화의 주도권을 쥐고 흔든다. 끼어들기만 하는 게 아니라 재촉까지 일삼기도 한다.

"저번에 있었던 그 일 말이야. 그게….""
"나도 그 일 알아! 그게 어떻게 된 거였냐면."

사람은 상대의 말에 나의 이야기를 끼워 넣으려는 욕구가 있다. 상대의 몇 마디에, 내 말이 더 많이 붙는다. 그리고는 더 잘 아는 듯 판을 펼치기 일쑤다. 말을 가로챈 것도 모자라, 결론까지 내버린다.

"그건 상대가 하는 말에 크게 관심을 뒀다는 거 아닐까요?"

누군가는 이렇게 반론할 수 있다. 그러나 그 관심의 모양이 다르다. 끼어들기가 습관이 된 사람은 상대가 말하는 내내 그의 이야기를 듣는 것이 아니라, 그다음으로 자신이 할 말만 생각하고 있다. 이런 조급한 생각은 상대의 의견이나 생각, 감정 등을 존중할 수 있는 여유를 가질 수 없게 한다.

여유가 없는 태도로 다짜고짜 하는 질문은 상대가 취조받는 기분을 느낄 수 있다. 그리고 무엇보다 대화에 있어 중요한 건, 결론이 아니라 과정이다. 함께 결론에 도달해야 한다. 내가 결정지은 결론으로 밀어붙이는 것은 대화가 아니라 강압이다.

말은 화살보다 빠르다. 시위를 당기기 전, 반드시 생각하자. 세 번 생각하고 말하자. 한 번 생각에 말실수가 삼분의 일이 줄고, 두 번엔 반이 줄며, 세 번엔, 실수가 없다.

　이미 알고 있는 이야기일지라도 상대의 생각이나 답이 다를 수 있다. 잠시 인내하고 기다리자. 그래도 늦지 않는다. 일단 끝까지 들어야 한다.

훈수가 버릇이 된 사람

시골길을 지나다 보면 어르신들이 내기 장기를 두다 다투는 모습을 보곤 한다. 지고 억울해서 싸우는 건가 들여다보면, 그게 아니다.

"아, 훈수 두지 말라고 했지?"
"왜 판에 끼어들어서 난리야?"

원인은 누군가 장기 놀음에 끼어든 탓이다. 내기에 진 어르신은 게임 상대가 아닌, 훈수 둔 사람에게 버럭 성을 낸다. 그가 더 미워서다.

때리는 시어머니보다 말리는 시누이가 밉다는 말이 있다. 누구도 자기 일에 끼어드는 걸 환영하지 않는다. 아니라면, 먼저 찾아와 도움을 청했을 것이다.

"아, 내가 뭐라고 했어? 그냥 내 생각은 그렇다는 거지."
"야, 난 도와주려고 그런 거지."

꿈보다 해몽이다. 생각을 묻지도 않았는데, 자기 생각을 떡하니 차려 놓는다. 다 잘되라고 그런 거라면서, 한쪽 편만 든다. 재밌는 건, 도와주는 거라면서 훼방만 하고, 목소리는 제일 크다.

남이 펼친 멍석에 오르는 건, 책임이 작거나 없어서다. 잘못돼도 책임질 의무가 없다는 거다. 그저 참견하는 게 재미있을 뿐이다. 대립에 끼어들면, 한쪽 편을 들기에 십상이다. 그러다 의견이 다른 사람을 비난하게 되기 쉽다.

"봐, 맞지. 얘도 그렇다잖아."

기세가 등등해진 한쪽은 살짝 도움까지 청한다. 최소 한쪽은 내 편이 된 듯해 우쭐해진다. 둘 중 한쪽은 1:1 구도에서 난데없이 2:1 구도가 된다.

훈수가 버릇이 되면 판사 노릇까지 한다.

"야, 얘 말이 맞아."
"다 됐고. 그러니까 내가 하라는 대로 해."

훈수 두지 말자.
도와주려는 게 아니라, 참견하는 게 즐거울 뿐이다.

두루 다니며 험담하는 자는

남의 비밀을 누설하나니

입술을 벌린 자를

사귀지 말지니라.

(잠 20:19)

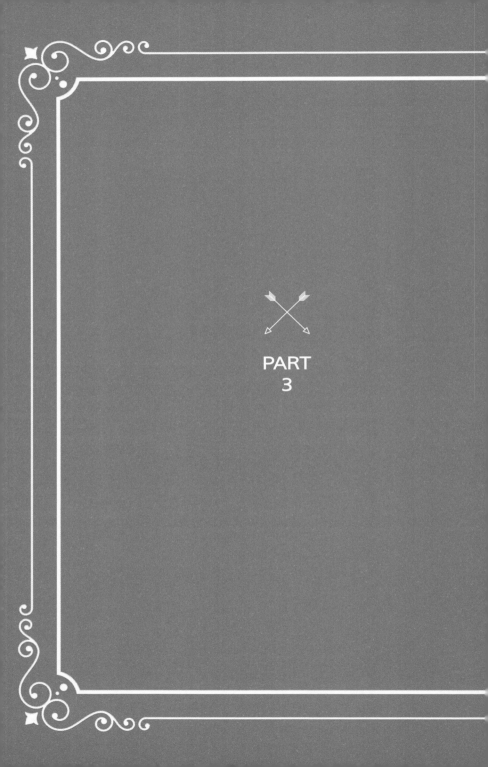

PART
3

말의 경청

나를 돋보이게 하는
말의 경쟁력

귀가 두 개인 이유

우리는 평소 듣기보다는 말하기를 택한다. 듣는 일엔 큰 인내가 필요하다 생각하고, 말하는 걸 더 쉽다고 여긴다.

맞다. 본디, 듣기가 열 배 어렵다.

신이 인간을 만들 때 가장 고민되었던 게, 입과 귀라고 한다.

눈은 한 개만 만들고 보니 거리 측정이 헷갈릴 듯해, 하나를 추가했고, 콧구멍은 한쪽이 막혀도 다른 한쪽으로 숨을 쉴 수 있도록 두 개를 뚫기로 했다고 한다.

남은 건 이제 입과 귀였다.

"그래, 콧구멍도 두 개인데, 입이 하나면 부족할 테지. 혼자 있어도 서로 대화를 나누렴. 입은 두 개 만들고 귀는 하나를 만들어 줄 테니."

신은 처음엔 듣기 좋은 말을 양쪽에서 할 테니, 귀가 얼마나 즐거울까 하고 생각했다고 한다. 너무 만족스러워 세 개로 만들지 않은 걸 후회까지 했단다.

그런데 웬걸, 둘 다 제 입인데도 마냥 싸워대기만 하는 것이 아닌가. 이를 지켜보던 신은 결국 입을 하나만 남겨두고, 소리를 분산시킬 요량으로 귀를 하나 더 만들었다고 한다.

그 이후, 신은 또 하나를 후회하게 되는데, 인간을 보며 이렇게 말했다고 한다.

"먹고 숨만 쉬게 할 것을. 왜 말을 하게 했을꼬."

어쩌면 신은 지금도 후회 중일지 모른다.
듣기는 빨리하고 말은 더디 하라고 했다.
신이 귀를 두 개로 늘리고, 입을 하나로 줄인 이유를 잊지 말자.

제 말을 듣기는 하는 겁니까?

모로코 속담엔 이런 말이 있다.

"말로 입은 상처는 칼로 입은 상처보다 깊다."

칼로 입은 상처는 딱 칼의 크기만큼 이지만, 말로 입는 상처는 제각각이다. 세게 휘두르지 않고도 깊은 상처를 내는 게 바로 말이다.

아랫사람에게 함부로 말하는 사람이 많다. 그것이 문제가 된다는 인지조차 없는 경우도 있다. 부모가 자식에게, 교사가 학생에게, 상사가 직원에게. 이런 경우는 헤아릴 수도 없이 많다.

자주 도마 위에 오르는, 소위 '갑질'에도 문제는, 말에 있다.

"어디서 말대꾸야?"
"야, 여기 사장 나오라고 해!"

험한 말로 복종을 강요한다. 이런 사람들의 특징은, 절대 남의 말은 듣지 않는 거다. 자신과 생각이 다르면 상대가 틀린 게 된다.

'내 말이 다 옳아. 네 말은 들을 필요가 없어.'
'그걸 의견이라고. 더는 듣기도 싫다.'

제 말 안 듣는 건 짜증 나고 남 말 듣기는 싫단다. 듣지 않아 싸운다는 걸, 다들 모른다. 듣는 다는 것은 상대의 의견뿐만 아니라, 생각과 마음까지도 존중한다는 태도를 보이는 것이다. 이런 태도가 품위를 만든다.

내가 틀릴 수도 있다는 것,
정답이 하나가 아닐 수 있다는 것.
다른 것과 틀린 것은 다르다는 것.
나와 의견이 다르더라도 들어야 할 이유다.

들어야 감동한다

인디언들이 가장 좋아하는 행사가 있다. 먹고 노는 행사일 거라 생각하기 쉽겠지만, 웬걸! '말하기 행사'다.

이 행사는 순서대로 말을 하는 게 목적인데, 나머지는 듣기만 가능하고 반론은 불가다!

"나는 그때 정말 서운했어."

"그 말에 나는 정말 가슴이 아팠어."

"왜 그랬던 거냐고 말하고 싶었어."

행사가 시작되면 마음속, 표 내지 못한 상처를 그제야 조심스레 꺼낸다. 꼭 규칙이 아니더라도 반론을 하는 사람은 없다. 내 말이 상대에게 얼마나 상처였는지 알게 되기 때문이다. 상처 준

게 미안해 눈물을 흘리는 인디언들도 있다.

이 행사에 감동만이 존재할 수 있는 건, 오직 '듣기'만이 허락
되었기 때문이다.

만약, 반론이 허락된다면 어땠을까?

"야, 무슨 말이야. 내가 언제?"
"너야말로 함부로 말했잖아."

아마 난장판이 될 터다. 하지만, 듣기만 하니 싸울 수가 없다.

'내가 언제 저런 말을 한 걸까?'
'아, 듣고 나니 생각이 난다.'
'미안하다. 듣기 전엔 몰랐어.'

차츰 순서가 지나면 이야기 구성이 바뀐다. 속마음은 줄고 미
안함이 더 많아진다. 행사가 진행될수록 서로에 대한 애착심이
커진다.

생각해 보면, 사람은 말할 때보다 들을 때 더 많이 운다. TV를

보며 울고, 라디오를 들으며 운다. 노래도 부를 때보다, 들으며 많이 운다. 가수가 노래를 더 잘해서가 아니다. 온전히 들을 때 전해지는 진한 감동이 있기 때문이다.

말은, 듣기보다 한참 다음이다.

듣지 않는 건, 외로움이다. 사실 우리는 누가 들어주지 않아 외롭다고 말하지만, 들으려고 하지 않아서 외로울 때가 더 많다.

집에 TV도 없고 라디오도 없다면, 컴퓨터가 없다면, 삭막해서 견디기 힘들 것이다. 사실 듣기 싫다지만, 내내 들으며 살아온 거다.

멀리 사는 자식이 부모와 영상통화를 한다.

부모를 보는 순간 울컥하고, 부모가 말하는 순간 눈물을 쏟는다. 주름진 얼굴보다 괜찮다는 부모의 말이 가슴을 때린다.

들어야 감동한다.

듣지 않는 탓으로, 많은 감동을 놓치고 사는 거다.

잘 듣는 방법은 따로 있다

잘 듣는 것도 기술이다. 상대의 이야기를 무작정 듣는 건 대화의 하수나 하는 일이다. 대화 내내 모든 이야기에 집중하다가는, 오히려 흘려도 되는 내용은 남고, 중요한 정보는 놓칠 수 있다.

2019년에 개봉한 봉준호 감독의 「기생충」이 칸 영화제를 휩쓸었다. 이때 봉준호 감독만큼이나 이목을 끈 인물이 있었다. 바로 동시통역사 샤론 최다. 그녀는 봉준호 감독의 말이 끝나기도 전에 영어로 통역을 이미 마치는 것으로 유명하다. 만일 모든 말을 통역하려고 했다면 불가능한 일이었을 테다.

샤론 최처럼 상대가 말을 할 땐 적절한 흘려듣기를 할 줄 알아야 한다. 대화의 맥락을 파악하는 것은 주요 키워드 몇 개면 충분하다.

상대에 대한 존중으로는 잘 듣고 있다는 표시를 하자. 가끔 상대가 하는 말에 반응을 보여주면 된다. 적절한 리액션은 왈츠를 추듯 상대의 이야기 흐름을 방해하지 않으면서 원활한 소통을 가능하게 한다.

"몰랐던 사실인데요?"
"한번 해봐야겠어요."

여기에서 말하는 적절한 리액션은, 네 마디에 한 번쯤 반응하는 거다. 계속된 반응은 외려 억지스러울 수 있고, 오히려 대화의 흐름을 방해한다.

잘 듣는 사람은 더 많은 정보를 얻을 수 있다. 세상을 다 안다고 생각하는 것처럼 무서운 착각이 없다. 귀를 기울이면, 평소엔 안 들리던 소리가 들리듯, 상대에게 귀를 기울이면 모르던 세상도 알게 된다.

듣는 방법을 바꿔보자.
잘 듣는 사람이, 대화의 고수다.

끝날 때까지 끝난 게 아니다

사람들이 자주 하는 실수가 하나 있다. 상대의 말이 끝나기도 전에 결론을 파악해버리는 무례함이다. 만약, 이제 막 이야기를 시작하려는데 누군가 이미 결론을 내어 내 말을 잘라버린다면 어떨까? 꽤 기분이 나쁠 것이다.

상대의 이야기를 끝까지 듣다 보면, 전혀 예상치 않은 이야기가 불쑥 튀어나오기도 한다. 원래 하려던 이야기가 아니었던 말이 나도 모르게 나오는 것이다.

"잘 이야기 안 하는데, 실은 제가 게임을 무척 좋아하거든요."
"어떤 게임 좋아하세요?"
"○○게임이요. 혹시 아세요?"

"저도 그 게임 정말 좋아합니다!"

"정말이세요? 그럼 언제 들어오셔서 한판 하실래요?"

"좋죠. 그럼 우리 내기 한번 할까요?"

끝까지 들어야만 알 수 있는 것들이 있다. 경청의 태도는, 평소 자주 말하지 않던 주제까지 말하게 한다. 이런 내용을 공유하는 것만으로도 친밀도에 가속도가 붙는다. 멀리하던 사람마저 좋아지는 계기가 된다.

"이번엔 제가 졌지만, 다음엔 안 봐 드립니다?"

"저도 양보 못 합니다?"

"어디 한번 해봅시다."

농담이 오가면 분위기가 자연스러워진다. 만남이 더욱 즐거워지니, 다음 약속과 이야기가 생긴다.

상대의 말을 최대한 끝까지 들어보자.

끝까지 들어야만 알 수 있는 것들이 있다.

대화가 끊기지 않는 기술

상대의 말에 대한 무미건조한 반응은 마침표와 같다. 대화를 거기서 끝내버린다.

"나 발리로 여행 간다."
"좋겠다."

친구는 여행을 한껏 자랑하고 싶어 말을 꺼낸 거다. 이때, 그 마음에 반응해보자.

"발리?"
"그래 발리, 오빠랑 1년 기념으로 여행 가기로 했어."

친구의 표정이 달라진다. 신나게 떠들기 시작하면 들어주며 맞장구를 쳐주자. 상대의 말에 대한 호응은 최고의 대화 선물이다.

"와 좋겠다. 그러지말고 우리도 언제 같이 여행가자!"

맞장구친다는 게 말이 쉽지 막상 실행하려고 하면 어려울 수 있다. 맞장구는 대화의 흐름에 맞는 타이밍이 중요하다.
어떻게 해야 할지 모르겠을 땐 '1, 2, 3 법칙'을 기억하자.

1분만 말하고
2분은 들어주고
3번 맞장구쳐라

1, 2, 3 법칙은 간단하지만 확실한 효과를 낸다. 대화의 박자 감을 익힐 수 있게 될 것이다.

들으면서 맞장구를 쳐주자.
어색한 사이에도 대화가 끊기지 않게 된다.

살짝 부족할 때가 가장 좋은 때

노래의 하이라이트는 후반부라는 말이 있다.

가끔 박자를 놓쳤더라도, 음 이탈이 났을지라도, 마무리가 멋지면 손뼉을 치게 된다.

뭐든 끝이 중요한 법이다.

"어, 그래 마무리 잘하고."

"이번엔 진짜 마무리 잘하자."

직장 상사들이 자주 하는 말이다. 우리는 끝을 자주 강조한다.

제아무리 시작이 좋았더라도, 마무리가 엉성하면 물거품 되기 일쑤다.

말도 그렇다. 대화가 끝났을 때, 좋은 인상을 남긴 사람이 진짜 말을 잘하는 사람이다. 끝말이 멋져야 다음이 있다.

그렇다면 대화는 어떻게 마쳐야 할까?

"오늘 뵙게 돼서 참 즐거웠습니다···. 이전 회사에 다닐 때는···. 저는 지금까지···. 또 뵙기를 희망합니다. 그리고···."

끝낼 듯 말을 마무리 짓지 못하는 사람들이 있다. 이러면 상대는 언제 일어서야 하는지 고민하게 된다. "오늘 뵙게 돼서 참 즐거웠습니다"에서 끝났어야 옳다.

장황한 말 역시 습관이다. 아마 주변에선 이미 '말 많은 사람'으로 소문이 자자할 것인데, 자신만 모르는 것일 수 있다. 주변 사람들은 그가 이야기를 시작함과 동시에 이미 지친다. 이야기가 끝나려면 멀었는데 이미 귀도 닫히고 마음도 닫힌다. 결국 다른 모습은 보여주지도 못하고 그 자리가 끝나고 만다.

말이 많은 사람은 스스로 한 말을 기억하는 것도 벅차다. 앞에 했던 말을 잊어 다른 말을 잇게 되고 또 다른 말을 당겨온다.

말이 넘치면, 과식한 것과 같다. 뭐든 넘치는 건 부족한 것만 못하다고 했다. 그 중에서도 말이 가장 그렇다. 살짝 부족할 때, 결론을 내자. 과하면 탈이 난다.

상대는 충분히 알아들었다. 더 설명하지 않아도 된다. 상대가 피곤해 보이면, 무조건 말을 끝내자.

공감의 위력을 경험하라

얼마 전 노희경 작가의 드라마「우리들의 블루스가」인기리에 끝이 났다. 이 드라마는 미스터리가 없다. 비행기나 기차 등 대형 사고도 벌어지지 않는다. 큰 범죄를 쫓아다니는 형사도 없다. 귀신이 나오는 쫄깃한 공포극도 아니고, 속도감이 큰 드라마도 아니다. 그런데도 호평 일색이었더랬다.

어느 게시물을 보니 이 드라마에 대해 이런 요청도 있었다.

'20회 말고 200회로 해주시면 안 되나요?'

큰 사건을 다루지도 않은 이 드라마에 사람들은 왜 이렇게 열광한 것일까?

임신한 10대의 이야기를 40~50대가 공감하고, 돈이 없어 거짓말한 친구를 공감한다. "돈 많은 내가 친구면 돈 없는 그놈도 친구 아니냐"라는 여배우의 대사는 사람들의 가슴을 후벼 판다.

우리들의 블루스는 깊은 '공감'을 다뤘다.

공감 안에 기쁨도, 애환도, 고마움도, 슬픔도 모두 담겨있다. 여러 감정들이 어우러진 공감 속에서 사람들은 실존하지 않는 인물이지만, 드라마 속 주인공들의 지인이 된다. 마치 내 일인 것처럼 함께 울고 웃는다.

공감은 실체가 없다. 그 모양이 삼각인지 사각인지 아무도 모른다. 머리가 아닌 마음을 열고 교류해보자. 너의 일이 아닌 우리의 일이 된다.

마음을 열면, 어렵게 합격한 친구에게 "축하해"라는 말은 너무 평범해진다.

"그동안 고생 많았어! 합격했다니 내가 더 기분이 좋다!"

친구의 기쁨을 우리의 기쁨으로 말한다. 몇 마디가 붙자 유대감이 훨씬 커진다. 그간의 과정까지 공감해주고 있다. 친구는 몇 배로 고마워진다.

승진한 친구에게 "잘됐네. 축하해"라는 빤한 인사는 건조하다.

"대리는 네가 먼저 됐지만, 과장은 내가 먼저다? 축하해!"

부러워하는 말인데도 싫지 않다. 같은 축하의 말인데도 '공감'
의 범위가 다르다.

축하의 범위를 넓혀주려는 말은,
상대에게 몇 배의 고마움을 안긴다.
공감 그 이상의 교감이 이뤄진다.

꼭 관심이 있어야 하는 것은 아니다

가까운 사이라고 관심사까지 같아지는 건 아니다.

친구는 액세서리를 좋아하지만, 나는 별 관심이 없을 수 있다. 하지만, 모르거나 관심이 크지 않아도 괜찮다. 인정해 주는 것만으로도 교감하기에는 충분하다.

"이게 이번에 산 목걸이야? 너랑 잘 어울린다."

"안목이 남다른데?"

사람은 자기 자신뿐 아니라 소유한 물건이나 취미, 경험 등에도 관심을 가져주길 바란다.

"오호! 네가 좋아하는 선수가 홈런 친 거야?"

"맞아! 저 선수 홈런 칠 줄 알았다니까!"

야구에 대해 모르지만, 친구가 야구 경기 중계를 보며 환호하면 반응해 주자. 친구도 안다. 내가 운동에 관심 없다는걸. 하지만 함께 기뻐해 주는 마음은, 더 잘 안다.

내가 관심이 없더라도 말을 건네주자. 상대는 내가 전문적일 수 없다는 걸 어차피 안다. 그래서 더 고마워지는 거다.

"저 선수 되게 못 뛴다. 저 사람이 네가 좋아하는 선수야?"
"하나도 안 예뻐, 난 이런 거 줘도 안 가져."

물론, 기왕이면 긍정의 공감이라야 한다. 공감하기 싫다면 차라리 무관심이 낫다.
만일, 공감하고 싶어도 그럴만한 공감대가 없다면 만드는 것도 방법이다.

"우리 SNS에 저녁 메뉴 늘 올리기로 할까요?"
"이번 프로젝트를 진행하려면 책이 필요한데, 분담 구매할까요?"

함께 일하거나, 함께 취미를 갖게 되면 혼자 할 때와는 다른 즐거움이 생긴다. 더 가까워지는 계기가 될 수 있다. 상대가 내게 다른 제안을 해오기도 쉬워진다. 여러 사람의 아이디어가 모이면 내가 미처 생각지 못한 일로 높은 성과를 낼 수도 있다.

좋은 반응으로 만들어낸 좋은 분위기는,
더 강력한 시너지를 만들어 낸다.

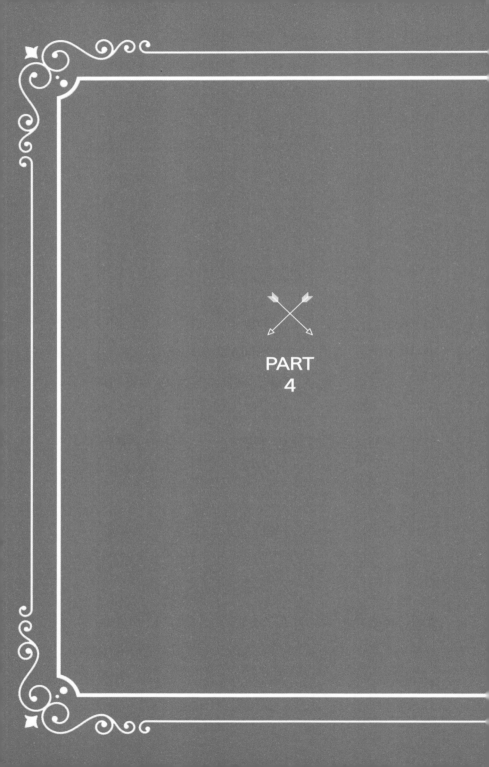

PART
4

말의 능력

남을 높이는
말의 경쟁력

내 이름을 불러줘

식당에 들렀을 때, 직원이 알아보면 기분이 좋다. 알아보는 걸 넘어 좋아하는 반찬까지 꿰고 있으면 고마운 생각까지 든다. 누군가가 나를 기억한다는 건, 행복한 일이다.

"임 소영 씨, 또 뵙네요."
"김 준환 씨. 지난번 고마웠습니다."

생각지 않은 사람이 내 이름을 기억해주면 신이 난다. 누군가에게 내가 각인 되었다는 생각에 기분이 좋아진다.

반대로 두 번째 만남에서, 상대가 "성함이….."라고 말하면, 호감도가 뚝 떨어진다. 내게 무관심한 것에 서운하고, 나를 기억시키지 못해 자신에게도 실망한다.

상대의 이름을 불러주면, 부르는 사람과 불리는 사람 모두 호감도가 커진다.

"영민 씨, 또 뵙네요."
"선우 씨, 지난번 해주신 얘기 정말 재미있었습니다."

이름만 기억해도, 인간관계를 지속할 수 있다.
세상에 하찮은 일은 없다. 누군가에게 명함을 받았다면 곧장 넣지 말고 2~3초간 살피자. 적은 노력으로 큰 걸 얻는다. 곧장 이름을 외운다면 더할 나위 없다. 내내 상대를 부르며 대화할 수 있게 되니, 빠른 호감도로 이어진다.

마주 앉은 상태로 세 번 이상 이름을 반복하면, 곧장 각인 된다고 한다. 성공한 사람들은 타인의 이름을 잘 기억한다. 상대를 기분 좋게 만드는 방법을 아는 거다.

그날의 대화를 성공적으로 이끌고 싶다면, 이름을 기억하자.
그 짧은 노력이, 대화의 밀도를 높여준다.

상대의 업적 높여주기

죄다 잘하는 사람이 없듯, 모두 못 하는 사람도 없다. 세상 누구나 잘하는 것 한 가지는 있다. 누구에게나 작든 크든 업적이 있다는 말이다.

편안한 분위기에서 대화를 나누다 보면 은연중에 자신이 잘하는 것에 대해 말하게 되기 마련이다.

"저는 등산을 하러 가면 늘 일 등으로 올라요."
"산에 오르면 스트레스가 다 풀립니다."

대화를 통해 상대가 등산을 좋아하고, 빠르게 오르는 게 특기라는 걸 알게 됐다.

이때 어떻게 대답하느냐에 따라 인연의 연장선이 달라진다. 대화가 이어져야 인연도 이어진다.

내가 등산은 고사하고 걷기조차 싫어한대도, 일단 묻는 거다. 등산에 대해 모르니 물을 게 없다고 생각하면 안 된다. 오히려 모르니 묻기가 더 쉽다.

"한라산도 가보셨나요?"
"백록담은 얼마나 커요?"

관심 섞인 질문에 상대는 등산으로 이룬 자신의 업적을 얘기할 것이다. 여기서 중요한 것은, 그 업적이 대단한 것인지 아닌지에 대한 사실 여부가 아니다. 내가 상대를 띄워주면 그 업적은 대단해지는 것이고, 무시하면 하찮아진다.

"적을 만들려면 친구를 이겨야 하지만, 내 편을 만들려면 친구가 이기게 하라."

프랑스 작가 라로슈푸코라의 말처럼, 내 편으로 만들려면 상대를 띄워주자.

"와, 듣다 보니 저도 등산하고 싶어지는데요?"

"마치 백록담을 보는 느낌입니다."

나의 성공담은 줄이고 상대의 성공담엔 맞장구를 쳐주자.
상대는 나의 의견에 더욱 마음을 열고 듣게 될 것이다.

감탄사를 낭비하라

"아, 좋네요."

"와! 멋진데요?"

"와! 기가 막힌 아이디어인데요?"

이 세 가지 문장의 공통점은 무엇일까?

그건, 세 문장 앞에 붙어있는 감탄사다. 본디 감탄사는 무미건
조하게 말하기가 쉽지 않다. 거울을 보고 말해보자.

"안녕하세요."

"아, 안녕하세요."

무표정으로 "안녕하세요"라고 말하긴 쉽지만 "아, 안녕하세

요"라고 말하긴 힘들다. 어쩐지 어색하게 느껴진다.

감탄사엔 저절로 미소가 형성된다. 앞으로 상대가 인사하면 "아, 안녕하세요!" 하고 반응해보자. 상대가 나를 쳐다보게 될 것이다. 감탄사가 있어 환영받는 기분을 주기 때문이다.

TV를 보면 심심찮게 보이는 장면이 있다. 방청객이나 패널들이 프로그램 출연자의 이야기에 "아~" 하며 반응을 보이는 장면이다. 상대의 말에 "아~" 하는 감탄사와 함께 고개를 끄덕이는 것은, 지금 당신의 이야기에 귀 기울이고 있다는 의미를 담은 강력한 제스처다.

물론, 지나친 과장은 거부감만 준다. 하지만 진심이라면 절제할 필요가 전혀 없는 게 감탄사다. 감탄사 역시 진심은 표가 난다.

"맙소사! 놀랍네요!"
"어머나 세상에!"
"우와! 최곱니다!"

때론 숨이 넘어갈 듯한 감탄사도 필요하다. 유머가 느껴지는 감탄사도 좋다. 감탄사를 아끼지 말자. 세상 낭비해도 좋은 게 바로 감탄사다.

상대가 나에게 집중하게 만들고 싶다면, 감탄사를 활용해보자. 짧지만, 감탄사가 가진 힘은 강력하다.

칭찬으로 얻는 값어치

격려(encouragement)는 용기(courage)와 같은 라틴어의 어원으로, 심장(cor)을 심어준다는 뜻이 담겨있다.

단어에 담긴 의미만 보아도 알 수 있듯이, 격려와 칭찬에는 상대의 마음을 여는 힘이 있다. 또한 소통의 통로를 단단히 해주어 마음의 교류를 원활히 한다.

오래전, 강의를 마친 나에게 한 교육생이 이렇게 말했다.

"강사님 말씀하실 때 웃는 얼굴이 참 좋았는데, 특히 양쪽에 보조개가 말씀하실 때마다 너무 예뻐서 강의를 더 집중해서 들었어요."

칭찬은 상대의 마음을 얻는 수완이다. 누구라도 칭찬을 들으면 자신감이 생긴다.

'내가 말을 할 때 보조개가 보이는구나!'

칭찬 덕분에 이후 늘 밝은 표정으로 강의하게 되었고, 이후론 좋은 인상이라는 말을 더 자주 듣게 됐다.

물론, 칭찬도 연습이 필요하다.

'귀걸이가 참 잘 어울리시네요!'
'안경을 새로 바꾸시니까 훨씬 더 젊어 보이세요!'

칭찬에는 '비언어적 칭찬'과 '언어적 칭찬'이 있다.
비언어적 칭찬은 미소, 눈빛, 스킨십 등을 말하고, 언어적 칭찬은 단순 칭찬, 비유 칭찬, 스토리가 있는 칭찬, 행동에 대한 칭찬 등을 말한다.

언어적 칭찬을 할 때는 특히 진심을 담아 구체적으로 해야 한다. 상대의 장점을 많은 사람 앞에서 공개적으로 해 주면 더 좋다. 상대가 좋아하는 것을 활용하는 것도 아주 좋은 방법이다. 소유한 물건, 경험 등을 존중해주고 인정해 주는 것이다. 또는, 변화를 시도한 상대에게 긍정의 표현을 보내는 것도 좋은 방법이다.

연수소 강사 시절, 유명한 방송인이 온 적이 있었다. 출근길 라디오를 통해 듣던 익숙한 목소리의 주인공이었다. 처음 보는 자리였지만, 오래전부터 알고 지낸 것만 같은 친근한 느낌이 들었다.

반가운 마음에 인사를 건네려던 찰나, 함께 있던 다른 강사가 먼저 인사를 건넸다.

"안녕하세요, 김 선생님! 저는 고향이 쌍치인데요, 어린 시절 고향의 밤하늘에 별이 참 많았어요! 지금은 저도 김 선생님처럼 전주에 살아요. 그런데 요즘 전주 밤하늘에 별이 안 보여서 그 많은 별이 어디로 갔나 했더니 선생님 눈 속에 있었네요!"

이야기와 비유가 있는 그녀의 칭찬은 강력했다. 뒤이어 내가 건넨 '눈이 반짝여 샤프해 보인다'라는 칭찬은 빛을 발하지 못했다.

그날로 인연을 맺은 그녀는, 곧장 방송 기회를 얻어 유명 강사
가 되었다.

　칭찬은 인간관계에 있어 중요한 대화 기술이다.
　칭찬은 즉시, 그리고 구체적으로 하라.
　상대의 마음을 얻을 기회가 생겨날 것이다.

늘 곁에 사람이 넘치는 이유

자리에 없으면 나라님도 흉본다는 말이 있다.

"윤 대리 때문에 이번에 결제 안 난 거잖아."
"김 과장이 나대서 다 망쳤다니까. 주제도 모르고."

이런 상황에서 자주 쓰이는 속담으로는 "낮말은 새가 듣고 밤
말은 쥐가 듣는다"가 있다.
그런데 과연, 새와 쥐가 나쁜 소문만 골라 듣고 말을 옮기는
걸까?

"이번에 윤 대리 덕에 결제 통과했잖아."
"김 과장이 나서서 해결했잖아. 역시 대단해!"

이 말을 윤 대리나 김 과장이 없을 때, 다른 사람에게 해보자. 칭찬 역시 빛처럼 빨리 전해진다. 얼마 안 가 김 과정이 나를 보는 표정이 달라질 것이다.

이처럼 칭찬을 대놓고 하기 민망하다면, 보이지 않는 데서 해보자. 편하고 쉬운데 효과는 열 배도 더 된다.

이 방법을 조금만 응용하면, 한 번에 두 사람을 칭찬하는 것도 가능하다.

"윤 대리가 이번에 아주 능력 좋은 신입이 들어왔다고 하더니! 윤 대리, 정말 사람 볼 줄 아네!"

신입은 칭찬을 해준 상대는 물론, 그 자리에 없던 윤 대리에게까지 고마운 마음이 들 것이다. 또한 윤 대리도 자신에게 긍정적인 평가가 있었던 것에 기쁨을 느낄 것이다.

칭찬을 듣고 반색하는 사람은 없다. 구순의 노인도 칭찬하면 아이처럼 좋아한다. 대통령도 잘한다는 칭찬엔 행복해한다.

낮말에 칭찬하고 밤말에 또 칭찬하자. 발 없는 말이 곧장 천리를 뛰어간다.

힘겹게 명함을 돌리지 않아도 찾는 사람이 늘어난다.

곳곳에서 나를 찾는 소리가 들린다.

칭찬하는 사람 곁엔, 늘 사람이 넘친다.

말에도 행동이 있다

대화의 목적이 설득인 경우가 꽤 있다.

싫든 좋든 사회생활을 하다 보면, 설득해야만 가능한 일이 생긴다. 생각해 보면 내가 설득당할 때보다, 설득해야 할 상황이 더 많은 것만 같다. 실은 그렇진 않은데, 많은 사람이 그렇게 느낀다고 한다. 설득당할 땐, 부담이 적지만, 해야 할 때는 열 배 이상의 부담이 작용한단다. 그래서 설득을 더 많이 한다고 생각한다는 거다.

그만큼 사람들은 설득하기 어려워한다. 그 이면에는 상대를 압도해서 이겨야 한다는 생각이 있기 때문이다.

이솝 우화에 나오는 해와 바람의 이야기를 모두 알 것이다.

나그네의 겉옷을 벗긴 것은 세차게 몰아친 바람이 아닌, 따뜻한 온기를 전달한 태양이었다. 설득도 마찬가지다. 몰아붙이는 언어보다는, 존중을 표하는 태도를 보일 때 성공 확률이 더 올라간다.

미국의 심리학자인 엘버트 메르비안의 조사를 살펴보자.

"설득에 있어 단어는 7%뿐이다. 목소리가 38%이고 얼굴과 동작의 신체적 표현이 55%로 반 이상을 차지한다."

설득하고자 할 땐, 상대에 대한 존중이 기반 되어야 한다. 상대를 이겨 먹는다는 생각은 버려야 한다. 이런 생각은 무의식중에 자세로 나타나기 쉽다.

팔짱을 끼거나, 테이블에 깍지 낀 손을 올리거나, 다리를 꼬거나, 의자 등받이에 기대듯 앉는 등의 신체적 표현은 방어를 뜻한다. 나도 모르게 신체를 통해 부정적인 표현을 하고 있는 것이다. 단어 선택, 표정만큼, 신체적 제스처나 자세 역시 신경 써야 한다. 나도 모르게 분위기를 망칠 수 있다.

또한, 대화 중 질문을 받았을 때도 바로 답하는 것보다는 2~3초의 시간을 두고 답하는 것이 좋다. 눈을 맞추거나, 자세를 고쳐 앉거나, 물을 한 모금 마시는 것도 좋은 방법이다.

사소해 보일지 몰라도 질문을 진지하게 받아들이고 있다는 인상과 함께, 상대에게로 넘어갔던 흐름을 부드럽게 되찾게 해준다.

언어만이 다가 아니다.

손가락, 팔과 몸짓 등도 전달 수단이다.

상대는 이제 듣기만 하지 않는다.

전문용어 금물

사람은 내가 배운 것을 드러내고 싶은 욕구가 있다.

그러나 공통 관심사가 아닌 이상, 상대는 사실 별 관심이 없다.

"그게 전문용어로 OO라고 하는데요."

"제가 유학 가서 배운 건데, 한국 사람은 잘 모릅니다."

상대는 그때부터 눈빛이 달라진다. 언제 물어봤냐는 표정의 시작이다. 예의상 한 "아… 네"라는 말에 관심이 있는 줄로 착각하면 답이 없어진다. 상대는 이미 나의 전문용어를 가장 듣기 싫은 말로 단정한 지 한참이다. 하물며 익숙하지도 않은 사람이 익숙하지도 않은 전문용어를 남발하는데, 누가 좋아할까.

전문용어를 남발한다고 해서 똑똑해 보이는 게 아니다. 똑똑한 척, 그저 '척'으로만 보인다.

누구도 자신을 가르치려는 듯한 사람을 환영하지 않는다. 상대는 나에게 배워야 할 존재가 아니다. 나 또한 원하지 않는 상대를 가르칠 자격이 있는 것도 아니다.

전문용어의 남발이 문제가 되는 이유는, 단순히 용어 선택에 있지 않다. 핵심은 상대가 원하는지 원하지 않는지 파악하는 것에 있다.

비슷한 예를 들자면 뭔가를 보여주려는 것도 실례가 될 수 있다.

"아, 사진 찍어왔는데 한번 보실래요?"

상대는 궁금하지도 않은 사진을 꺼내 보이며 혼자 웃는다. 상대가 무반응이면 다른 사진을 또 열심히 찾는다.

내가 사진을 찾느라 애쓰는 동안, 상대는 당장 자리에서 일어나고 싶은 것을 애써 참는 상황이 벌어진다.

전문가여야 한다는 생각을 버리자. 상대는 내가 전문가이든, 비전문가이든 큰 관심이 없다. 상담하러 온 의뢰자가 아닌 이상

전문적인 용어도, 사진도 필요치 않다. 상대는 단지 오늘의 대화가 즐겁기를 바랄 것이다.

　상대가 즐거워 웃는지, 마지못해 웃는지, 판단하자.
　눈치 없이 굴다가는, 다음은 없다.

솔직함의 승부수

얼마 전, 교육기관에서 많은 성과를 낸 분과 대화를 나누었다. 그는 유창한 말솜씨를 가진 사람은 아니었다. 그런데도 그의 프레젠테이션은 늘 성공했기에 그 비결이 궁금했다.

"말솜씨가 뛰어나진 못하지만, 제가 가진 무기는 '솔직함'입니다."

그가 솔직함을 무기로 가질 수 있었던 건, 처음 사활이 걸린 프레젠테이션으로 고민 중일 때, 당시 부장님께서 해주신 조언 덕분이었다고 했다.

"무조건 잘 하려 하지 말고, 지키지 못할 약속은 하지 말고, 우리가 해 줄 수 있는 부분만 솔직히 이야기해라. 설사 실패하더라도 책임은 내가 진다."

특히 마지막 당부의 말에 큰 감동과 용기를 얻은 그는 첫 프로
젝트를 깔끔하게 성사시켰고, 그 이후 전문 프리젠터가 되어 현
재는 명강사로 활약 중이다.

설득은 강요하면 할수록 역반응이 온다. 모든 것을 다 아는 듯
말하는 것도 전혀 도움이 되지 않는다. 설득은 진심으로 상대의
마음을 얻었을 때 가능해진다.

나 역시 늘 나의 부족함을 솔직하게 드러낸다.
지난 10년이 넘는 시간 동안, 많게는 100명 이상의 원우들을
모집하여 CEO 과정을 교육 운영해왔다. 그때에도 나는 부족한
부분을 가감 없이 드러냈다. 덕분인지 "처음엔 깐깐한 이미지여
서 경계했는데, 알고 보니 참 편안하다."라며, 화합을 이루는데
나의 역할이 컸다는 감사한 평을 받고 있다.

그저 잘 보이려고 포장하는 말은 의미가 없다.
다시 한번 말하지만,
설득은 진심으로 상대의 마음을 얻었을 때 가능해진다.

사람마다 듣기를 속히 하고

말하기를 더디하며

성내기도 더디 하라.

(약1:19)

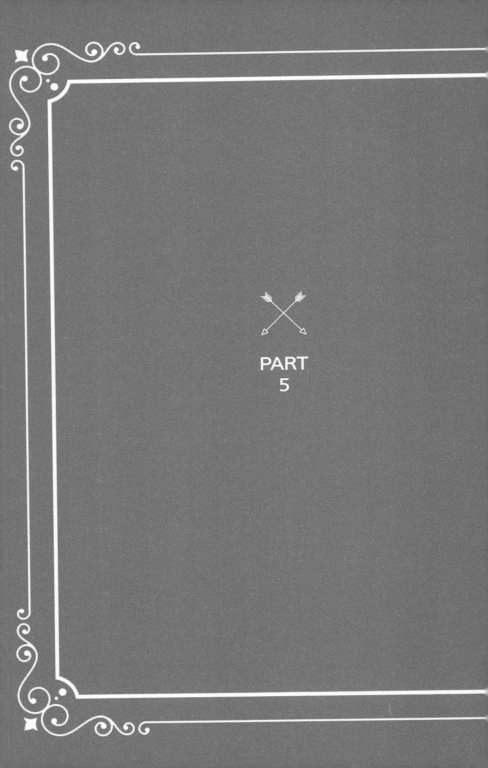

PART
5

말의 태도

낮춤으로서
높여지는 말의 경쟁력

겸손에도 방법이 있다

"제가 뭘 알겠습니까?"
"제가 뭘 할 줄 안다고요."

언뜻 들으면 자신을 낮추는 겸손처럼 들린다. 잘난 체하는 말
도 아니다. 그런데 이상하게 이와 비슷하게 답을 하면 상대가
난처해진다.

'내가 혹시 이 사람을 기분 나쁘게 한 걸까?'
'무슨 실수를 했나? 왜 이렇게 말하지?'

겸손은 미덕이라 했다. 자신을 낮추는 사람을 보면 경계가 느
슨해진다. 하지만 겸손에도 방법이 있다.

겸손해야 한다는 생각에, 자신을 한껏 낮추는 사람이 있다. 몸을 낮춰야지 깎으면 안 된다. 그건 겸손이 아니다. 겸손과 자기비하는 다르다. 이 둘은 엄격히 구분해야 한다. 자칫 과한 겸손은 오히려 오해를 만들어 상대의 마음을 깎는 수가 있다. 자신을 낮추려다 자칫 상대를 낮추는 우를 범하게 되는 것이다.

"부족하지만, 열심히 하겠습니다."
"배우는 자세로 임하겠습니다. 많이 가르쳐 주십시오."
"가르쳐주신 대로 했더니 잘 마칠 수 있었습니다."

겸손의 말은 이벤트가 아니다. 멋지고 특별하게 전하지 않아도 된다. 특별한 방법을 찾지 말자. 빤하더라도, 상대는 후한 점수를 준다.

다른 것과 틀린 것은 다르다

여기 천 명의 관객이 있다. 사회자가 관객을 향해 물었다.

"태어나 한 번도 안 싸워 본 사람은 손을 들어주세요."

과연 손을 드는 사람이 있을까?

이에 대한 답은 현장을 보지 않고도 맞힐 수 있다. 수만 명에게 물어도 답은 같다. 평생 싸우지 않고 사는 사람은 없다. 신이 아닌 이상 불가능하다.

동물도 자주 싸우지만, 목적이 다르다. 생존과 종족 번식을 위해서다. 싸움의 논리가 꽤 타당하다. 반면, 사람의 싸움은 타당성이 약하다. 하찮은 욕심이 이유인 경우가 많다. 내 말이 모두 맞다는 오만 때문이다.

이런 생각을 가진 사람들이 흔히 하는 말이 있다.

"네 생각은 틀렸어."
"네 가치관은 잘 못 됐어."
"또 틀린 생각을 주장하시네요?"

생각이나 가치관, 주장은 틀릴 수가 없다. 틀린 게 아니라, 다른 거다. 우리는 자주 버릇처럼 상대에게 틀렸다고 주장한다. 사람의 생각은 각자 다르고 가치관도 다르며 주장하는 바도 다르다. 절대 틀린 게 아니다.

예로 "3X4=15입니다"라고 답했다면 "틀렸습니다" 하고 말할 수 있다. 수학은 생각이나 가치관이 아니다. 주장은 더더욱 아니다. 편리를 위해 명제로 정한 논리다. 따라서 틀린 거라고 해도, 틀린 말이 아니다.

그러나 "너의 생각은 틀렸어"라는 말은 쓰면 안 된다. "네 생각은 나와 다르네"라고 써야 한다. "당신의 주장은 틀렸네요"가 아니라 "당신의 주장은 나와 다르네요"라고 써야 하는 것이다.

틀렸다와 다르다를 구분하는 일이 왜 중요한 걸까?
싸움은 상대가 틀렸다고 생각하고, 그렇게 말하기 때문에 시작된다. 상대의 말이 맞는 말이라면서 싸우는 사람은 없다. 상대가 다를 뿐이라면 싸울 명분이 없다. 성립이 불가해진다.

잘못된 건, 상대의 생각이 아니라 나의 말 습관이다. 잘못된 습관이 잦은 싸움을 만들고 있다. 습관을 고쳐보자.

"너는 나와 생각이 다르구나?"
"당신의 가치관은 저와 다르군요?"
"주장하는 바가 달랐던 거군요?"

이렇게 반응하면, 절대로 싸울 수가 없다. 생각이 틀린 사람은 없다. 다른 사람이 있을 뿐이다. 보는 눈이 틀린 사람도 없다. 보는 눈이 다를 뿐이다.

자주 싸우는 사람은 호감으로 느껴지지 않는다.
말투만 살짝 바꿔보자.
사람이 달라 보인다.

아는 척하지 마라

사람들이 공통 적으로 싫어하는 것 중 하나가, 아는 척이다. 이런 사람들이 자주 저지르는 실수가 있는데, 그건 바로 가르치려 드는 것이다.

"이건 내가 좀 아는데, 그렇게 하면 안 돼."
"잘 모르나 본데, 그건 이렇게 했어야지."

사람에겐 불필요한 본능이 있다. 다름 아닌 통제형 본능인데, 이는 누군가를 말로 지배하려는 욕구에서 시작한다. 스승과 제자 사이도 아닌데, 상대방을 늘 가르치려고 한다. 그리고 어떻게든 자신의 주장에 끌어들이려고 온갖 방법을 동원한다. 말의 통제로 얻는 쾌감을 즐기는 거다.

이들의 무서운 착각은, 상대는 뭐든 나보다 모른다고 여기는 거다. 알려줘야 하고, 가르쳐줘야 한다고 여긴다.

그러나 누구도 지배받길 원하지 않는다.

학력이 높다고 해서, 결코 모든 것을 뛰어나게 판단할 수 있는 건 아니다. 식품영양학 박사라도 사십 년간 된장찌개를 끓인 어머니보다 맛있게 요리하지 못한다. 박사학위가 있어도 그 지식 또한 배운 분야에 한정될 뿐이다. 공부를 많이 한 것은 좋은 일이지만, 그것으로 누구든 지배할 자격이 되는 건, 아니다.

모두가 그런 것은 아니겠지만, 생각보다 많은 사람이 편견을 갖고 있다. 상대는 나보다 모르지 않는다. 판단력과 성찰이 부족하지도 않다. 외려 나보다 편견이 없고, 마음이 따뜻한 사람일 수 있다.

제대로 모르면서 아는 척 말하지 말자. 자칫 실수의 범위를 넘어갈 수 있다. 아는 척으로 잃은 호감은 회복이 어렵다. 싸움은 사과한다지만, 잘난 척으로 잃은 호감은 회복할 방법이 없다.

모른다고 말하는 건 부끄러운 게 아니다. 모르면서 아는 척하는 것이 더 부끄러운 행위다.

지식 밖은 위험해!

사람은 누구나 타인에게 자신을 각인시키고 싶어 한다. 어떤 사람은 노래를 잘하는 사람으로 각인되길 원하고, 어떤 사람은 그림을 잘 그리는 사람으로, 또는 운동이나 요리를 잘하는 사람으로 각인되길 원한다. 그 종류는 헤아릴 수가 없다. 잘생기고 예쁜 사람 등 외적인 부분으로 각인되길 바라기도 한다.

그중에서도 사람들이 특히 선호하는 게 있다. 다름 아닌 '똑똑한 사람'으로 각인되는 일이다. 누군가가 나를 똑똑한 사람으로 기억한다면, 당연히 기분 좋은 일이다.

그러나 문제는 실제 지식은 부족하면서 똑똑한 사람으로 기억되길 원하는 일일 것이다.

전혀 모르고 말하는 건, 위험하다. 하지만 "책을 아예 읽지 않은 사람보다, 1권만 읽은 사람이 더 위험하다"라는 말이 있듯이 조금만 알고 말하는 것도 위험하기는 마찬가지다.

인터넷에 떠도는 내용을 듣고 전공자처럼 말하는 사람이 있다. 전문 서적을 대충 훑고 박사 행세하는 사람도 있다. 완전치 못한 지식의 다리는 붕괴하기 마련이다. 조금 배운 건, 다 배운 게 아니다.

얕은 지식으로 상대를 비평하려는 사람도 있다. 비평은 누구나 할 수 있지만, 아무렇게나 해도 되는 건 아니다. 엉성할 바엔, 안 하는 게 낫다.

지식인으로 보이려고 절대로 도움을 청하지 않는 사람도 있다. 요청을 수치로까지 여기기도 한다. 하지만 모르는 건 부끄러운 게 아니다. 모르면서 알려고 하지 않거나, 모르면서도 다 아는 체하는 것이야말로 부끄러운 일이다.

지식 밖은 위험하다. 내 머릿속에 있는 지식 외의 것은 더 배우며 채워야 한다. 누구도 가르쳐 달라는 말에 대해, 나를 쉽게 생각지 않는다. 모르면, 묻자.

"좀 가르쳐 주실 수 있으세요?"
"저에게 지도해 주실 수 있으실까요?"

염려하지 말고 묻자.
오히려 배우려는 태도로 인해
상대에게 겸손하고 적극적인 사람으로 각인되는 계기가 된다.

지식이 아닌 지혜를 가동하라

"아이를 반으로 갈라 나누어 주도록 해라."

한 아이를 두고 자신의 아이라 주장하는 두 여자에게 솔로몬이 한 말이다. 이때, 가짜는 그렇게 해달라고 했지만, 진짜 엄마는 그럴 바엔 차라리 아이를 저 여자에게 주라고 말했다.

이에 대해 솔로몬은 아이를 포기한 여자가 진짜 엄마라고 판결했다. 워낙 유명해서 설명하지 않아도 다 아는 이야기일 것이다.

'솔로몬의 지혜'
'지혜로운 솔로몬'
'현명한 솔로몬 이야기'

이 이야기에 붙는 소제목은 몇 가지가 있다. 그러나 어느 곳에도 '지식'이라는 단어가 들어간 제목은 없다. 만약 이 이야기에 '솔로몬의 지식'이라고 하거나 '해박한 솔로몬'이라고 했다면 웃음이 터질 것이다.

솔로몬이 아이의 머리를 자르라고 한 건, 지식이 아니라 '지혜'다.

많은 사람이 타인에게 지식이 풍부한 사람으로 각인되기를 바란다. 그렇다면 진정으로 해박한 지식을 쌓아야 한다. 그것만이 유일한 방법이다. 얕은 지식만 가지고 아는 척을 하면 곧장 표가 난다. 누구도 반기지 않을 허세다.

그런데 여기서 한번 생각해보아야 할 건, 보통 다른 사람을 칭찬할 때 우리는 "정말 지식으로 잘 해결하셨네요." 하는 경우는 없다. "정말 지혜롭게 해결하셨네요."라고 말한다.

이것만 보아도 알 수 있듯이, 사실 사람들은 지식이 많은 사람을 좋아하긴 하지만, 지혜가 많은 사람을 훨씬 더 좋아한다. 지식이 많은 사람도 지혜로운 사람을 더 좋아한다.

존경받는 사람은 지식이 많아서가 아니다. 지혜가 많아서다.

똑똑한 척 말하기보다 현명하게 말하자.

인간관계에 있어 문제를 해결할 때 필요한 것은

지식이 아닌 지혜다.

질문 있습니다

    질문은 두 가지로 나뉜다. 내가 상대에게 하는 경우, 상대가 내게 하는 경우다.

    이 둘 중에 대부분이 받는 질문은 즐기고 하는 질문엔 인색하다. 질문하면 부족해 보인다고 생각하기 때문이다.

    한번 반대로 생각해보자. 누군가 내게 질문한다고 해서 지식이 없다고 생각한 적이 있는지. 상대 역시 마찬가지다.

    손을 번쩍 들고 자주 질문하는 학생이 있다.

"제가 질문 있습니다."
"어, 그래. 뭐지?"

어떤 선생님도 질문을 귀찮아하지 않는다. 이때, 공부에 관심 없는 사람은 절대 손을 들지 않는다. 질문한다는 건, 공부에 열성적이라는 의미다. 딴짓하던 사람은 질문할 거리조차 없다. 외려 수업하는 동안 집중했다는 의미이기 때문에 표정이 밝아진다.

"자, 질문 있는 사람?"

오히려 아무도 반응이 없으면 선생님은 실망한다. 언뜻 생각하면 잘 가르쳤으니 그렇다고 생각할 수도 있지만, 귀담아들은 사람이 없었다는 의미일 수도 있다.

대화도 마찬가지다. 질문한다는 건 그만큼 대화에 열성이라는 표시다. 또한, 앞선 말을 경청했다는 의미다. 상대가 싫어할 리가 없다.
질문은 부끄러운 게 아니다. 정확히 대화를 이해해야 다음 만남에서 실수가 줄어든다.

"전에 말씀드렸는데…."

했던 이야기를 기억하지 못하거나, 잘 못 기억하고 있으면 신뢰가 무너지기 시작한다. 과연 이 사람이 오늘은 내 말을 귀담아들을까 의심받는다.

  제대로 못 들었거나 이해가 안 되면, 질문이 답이다. 질문 한 건 각인이 쉬워 웬만해선 잊지 않는다. 실수가 그만큼 줄어들게 된다.

  이왕이면 상대를 띄워주는 질문이면 더 좋다. 때론 상대의 끝말을 따라 하면 질문이 쉬워진다.

  "선배님, 여긴 이 색으로 칠하라는 말씀이시죠? 선배님 감각을 따라가려면 제가 더 열심히 배워야겠습니다."

  질문으로 점수까지 받을 수 있다.
  질문을 아끼지 말자.

제가 생각이 짧았습니다

잘못을 저질렀다고 해도 당장 사과하는 자에게 돌을 던지지는 못한다. 진정한 사과엔 잘못이 외려 뒤로 밀린다. 진심의 힘이다.

큰 사고를 당한 사람들이 하는 말이 있다.

"내가 바라는 건, 보상이 아니라 진정한 사과다."

그들이 격분하는 건 보상 때문이 아니라 진정한 사과를 받지 못해서다. 잘못보다 더 큰 잘못은, 사과하지 않는 것이다.

싸움이 일어나지 않는 것이 가장 좋겠지만, 싸우지 않고 살아간다는 건 불가능에 가깝다. 여기서 문제는, 원인에 있다. 싸움을 시작할 때는 크게만 보였던 이유가 감정이 가라앉고 보니 작

디작다. 원인이 클 때보다 오히려 작을 때 사과하기가 더 어려워진다. 사과하자니 민망하고 내가 진 것 같은 생각이 들기 때문이다. 그러나 그것은 불필요한 자존심이다.

싸우는 사람이 열이면, 사과하는 사람은 많아도 하나둘이다.
본디, 싸우기는 잘해도 사과까지 잘하기란 쉽지 않다. 소리치긴 쉬워도 낮추기는 힘든 법이다.

"제가 생각이 짧았습니다."
"진심으로 사과드립니다."

사과는 부끄러운 게 아니다.
사과는 멋진 말이자 행위다.
잘못은 손가락질받지만, 진정한 사과는 악수를 받는다.

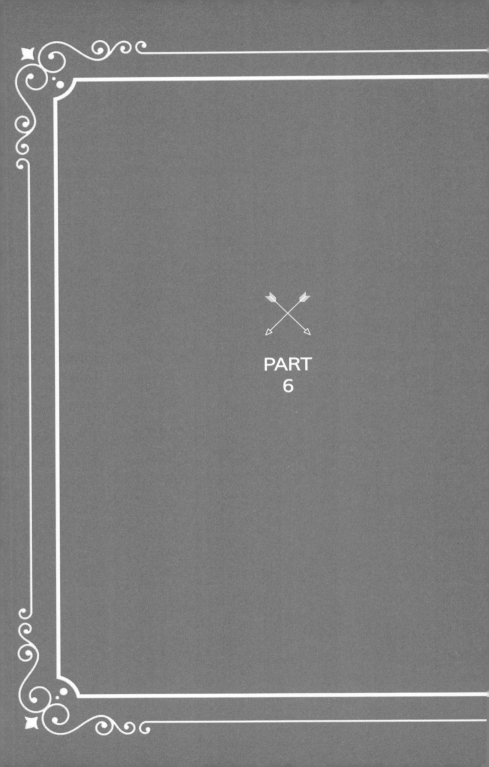

PART
6

말의 기술

어디에서든
사람이 따르는 말의 경쟁력

돈을 벌고 싶다면

말이 너무 없는 탈보다 말이 너무 많은 탈이 훨씬 많다. 뭐든 지나치면 탈이 나는 법이다. 그 중에서도 말이 제일 그렇다. 말 잘하는 사람은 좋아해도 말만 많은 사람을 좋아하는 사람은, 없을 것이다.

"야, 넌 말이 너무 많아."

말이 많으면 짜증 섞인 말을 자주 듣게 된다.

"지금 하시고 싶은 말씀이 뭔지."
"결론이 뭐죠?"

단순히 말이 많은 사람은, 그냥 말을 한다는 것 자체가 중요하다. 무슨 말을 누구에게 어떻게 하고 있는지는 중요하지 않다. 일단 시작하고, 제멋대로 이어가고, 끝이라는 건 없다. 결국, 말은 옆길로 샜다가 빙 돌아 다시 원점으로 오는 것을 반복한다.

말에 알맹이가 없으니, 누구도 내 말에 관심이 없다. 관심이 없으니 들을 생각도 없다.

'저 사람은 시작은 해도 끝은 내지 않아.'
'조심해. 한 번 붙들리면 한 시간은 기본이야.'

말이 많으면, 말로 흉을 당한다.
말이 길면 흉보는 사람이 늘고, 외면하는 사람도 는다. 도망가는 사람도 늘고 안 보려는 사람도 는다. 전화를 안 받는 사람이 늘고 답하지 않는 사람도 는다.

물론, 모두 늘어나는 건 아니다. 줄어드는 것도 있다.
말이 늘면 돈은 준다.

영업하는 사람이 자기 말만 많으면 어쩐지 혹했던 마음도 사라진다. 그러니 돈이 준다. 영업을 잘하는 사람은 오래 설명하는 사람이 아니다. 제대로 설명하는 사람이다.

돈을 벌고 싶다면, 말을 줄이자.

'말은 많은데 진짜 실속은 없어.'
'뭘 알고 떠드는 게 아니야.'

빈 깡통이 요란하다지 않던가. 말이 많으면, 누군가에게 나는 빈 깡통이 된다.

말이 줄면 돈은 는다.
돈을 벌고 싶다면 제대로 말하고 말을 줄이자.

착각의 늪

누구나 필요한 말만 들으려 할 뿐이고 그도 길면 싫어한다. 요즘은 대화방조차 글을 많이 올리면 싫어하는 추세다. 말이 많은 사람은 주로 문자도 길다. 말수 적은 사람은 문자도 길지 않다.

SNS가 인기인 건 간단명료해서다. 글도 길면 안 보게 된 지 제법 되었다. 하물며 말은 오죽할까.

대화의 착각 증세 중 가장 흔한 질환이, 말을 많이 하면 잘하는 줄로 아는 거다. 대화는 흔히 나눈다고 표현한다. 서로 하니 나눈다고 하는 거다. 그런데 말이 많은 사람은 절대 나눌 생각이 없다. 상대가 말하면, 내가 말할 시간을 뺏겼다고 생각한다.

상대의 모든 것을 나와 연결 짓는다. 연결해야 끊임없이 말할 수 있어서다.

"오다가 화제 현장을 직접 봤거든."

주로 간단히 묻고 답을 기다리기 마련이지만, 말이 많은 사람은 자기 것으로 구체화한다.

"나도 화제 현장 본 적 있어. 그게 언제냐면…."

길어진 말은 수년 전 강원도 산불까지 이어진다.

'괜히 말을 꺼냈군.'
'조심한다는 걸 깜빡했어.'

상대는 지쳐가고 꺼낸 말을 후회한다.

단언컨대, 말만 많은 사람은, 말로 돈을 벌지 못한다.
다른 사람의 말을 잘라먹는 만큼,
인맥도 잘라 먹게 되기 때문이다.

말의 상대성 이론

뭐든 상대가 되어보면 처지를 이해한다.

평소 말 많고 따분한 친구를 만나보자. 누구라도 주변에 그런 친구가 한 명쯤은 있다. 어쩌면 나 역시 다른 친구에게는 그런 사람일지 모른다.

말을 많이 하지 말라면서, 말도 많고 따분한 친구를 만나라니, 무슨 말인가 할 것이다.

오늘은 친구의 말을 끝까지 듣겠노라 작정해보자. 입은 닫고 귀만 연다. 실컷 이야기하라며 멍석 한 번 깔아주자.

"잘 지냈어?"로 시작한 친구는 아마 거들어 주지 않아도 술술 말할 것이다. 내가 얼마큼 인내가 가능한지 진단해보자. 5분이라는 시간이 이렇게 길다는 걸 깨닫게 된다.

　말이 많은 사람을 만나고 돌아오면 기운이 다 빠진다. 마라톤
이라도 한 것처럼 맥이 다 풀린다. 재미없고 긴말은 상대의 에
너지를 악착같이 거덜 낸다.
　나는 길게 말하려 하지만, 상대는 늘 짧게 들으려 한다는 걸
명심해야 한다.

　말로 상대를 아프게 할 수 있다. 그러나 그 고통을 짐작하지
못한다. 아니 짐작하려 하지 않는다. 본디, 찌르는 사람은 찔리
는 고통을 모른다.

　나의 길고 재미없는 말이 상대를 지금 아프게 하고 있을지 모
른다. 상대의 눈빛을 읽자. 말을 하려 하지 말고, 대화를 하려고
해야 한다. 대화는 균형이다. 말의 주도권을 주거니 받거니 하
며 일방이 아닌 쌍방의 조화를 이뤄야 하는 것이다.

　말을 멈추고 상대에게 기회를 주자.
　상대의 눈빛이 다시 살아날 것이다.

말에도 연습이 필요하다

　사람들이 모이는 곳은 참 많다. 소모임, 지역행사, 학교 동문 모임 등 종류도 다양하다. 사회생활을 하다 보면 이런 각종 모임에 참석하지 않을 수가 없게 된다.

　하지만 이런 모임은 되도록 피하고 싶어 하는 사람도 있다. 사람들과 관계 맺는 것에 어려움을 느끼는 사람이 모임에 나가게 되면, 마치 고소공포증 환자가 높은 곳에 혼자 선 것 같은 기분을 느끼기도 한다.

　이런 사람은 혹시 자기 손에 마이크가 쥐어질까 하는 걱정에 스트레스가 쌓인다. 모임에 나가기도 전부터 손이 떨린다. 나는 원래 이렇게 타고난 사람이라고 단정하고 모임에 빠지려고 온갖 애를 쓴다.

'나한테 무슨 말을 시키면 어쩌지?'

'어떻게 하지, 이제 내 차례인 것 같은데.'

그래도 다행인 것은, 모든 일은 연습하면 는다. 정말 다 는다. '하면 된다'는 의미가 '말 연습'에 가장 잘 어울린다. 처음에는 작은 모임에서부터 연습해 보자. 술자리도 도움이 된다.

"술잔을 채우실까요?"

첫 마디는 누구나 하는 것으로 시작하자. 너무 애쓰다가 분위기만 썰렁해질 수 있다. 평범한 말은 재미없을 순 있지만, 불안하지 않아 연습용으로는 딱이다.

"이번 프로젝트도 잘 마무리해보겠습니다!"

여전히 평범해 보일 수 있지만 괜찮다. 갑자기 잘할 수는 없다. 단, 마지막에 '마무리해보겠습니다'에서 '다!'를 강하게 발음해보자. 그쯤 뭐가 어렵냐 할 수 있지만, 마이크만 보면 떠는 성격이라면, 이쯤도 쉽지 않다. 내 성격은 웬만큼 소문났을 테니. 처음은 이쯤으로 끝내자. 괜찮다. 누구도 나무라지 않는다.

용기에 박수를 보낸다고 하지 않던가. 처음엔, 용기만으로도
합격이다. 처음이 반이라고 했으니, 벌써 반이나 온 거다.

　잘하려는 생각은 내려놓자.
　행동으로 실천했다는 것에 의미를 갖자.
　경험이 쌓이면 결국 실력 된다.

말은 인맥을 끌어온다

요즘 예능에서 건배 제의를 하는 장면이 많이 나온다. 꼭 술잔이 아니더라도 음료잔을 부딪히며 습관처럼 외친다.

"청바지!"

하도 많이 외치는 말이라 이 뜻을 모르는 게스트가 없다. 선창을 하면 바로 뒤이어 한목소리로 모두 외친다.
"청! 춘은, 바! 로, 지! 금."

술자리를 갖다 보면 건배 제의를 해야 하는 순간이 있다.
'청바지'처럼 줄임말로 된 건배 제의도 좋지만, 가끔은 조금 특별하게 이야기를 섞어보자.

"월요일에 들어갔더니, 책상에 이전 프레젠테이션 파일이 놓여 있었습니다. 열심히 하라는 내용의 메모는 있는데, 누구인지는 적혀있지 않았습니다. 하지만 그게 누군지 저는 바로 알 수 있었죠."

누군가는 당황할 수 있다. 하지만 걱정은 필요 없다. 감동의 당황일 테니.

"우리 과장님 글씨였습니다. 고맙습니다."

누군가는 벌써 엄지를 들었을 것이고, 누군가는 과장님을 환호했을 것이다. 전보다 더 큰 용기가 생겼다면, 크게 외쳐보자.

"과장님 최고!"

모두 잔을 들고 건배에 응할 것이다.
훌륭한 말은 누구도 아부라 여기지 않는다. 감히 흉을 볼 수가 없다. 말의 위력이다. 용기의 말은 최고의 무기다. 상대가 저격당하고도 웃는다.

아나운서처럼 해야 진행을 잘하는 게 아니다. 말이 심심해도, 공감을 끌어내는 게 최고의 진행이다. 공감은 감동과 이어진다. 눈물을 쏟아야만 감동이 아니다. 잔을 든 채 소소한 이야기에 고개를 끄덕이고 있다면, 그게 감동인 거다.

한번 물꼬가 트면 너도나도 진행자를 자처한다.

"저도 드릴 말씀이 있습니다."

시작의 말이 좋으면 잇는 말이 알차기 마련이다.
말을 잘하면 인맥이 는다.
인맥이 늘면 성공이 가까워진다.
말로 성공의 영역이 가까워지는 거다.

마이크를 잡아라

마이크를 잡은 사람은 다중과 대화하게 된다. 1:1이 아닌 1:대중이다. 바로 이때가, 존재감을 드러낼 기회이다.

그런데도 절대 마이크는 잡지 않으려는 사람이 있다. 타고난 재주꾼만 가능하다고 여기기 때문이다. 알아야 할 건 누구도 처음부터 그 사람이 아나운서처럼 능숙하게 말하기를 기대하지 않는다.

하물며 아나운서도 처음엔 실수투성이다. 그렇다고 한들 누구도 흉보지 않는다. 하다 보면 느는 게 말이다. 계속해서 시도하다 보면 어디서 끊어야 할지, 어디서 웃겨야 할지, 감이 잡힌다.

"저는 ○○○라고 합니다."

처음엔 자기소개하는 것도 쉽지 않다. 하지만 하다 보면 차츰 범위가 넓어진다.

"다들 뉴스 보셨나요? 지난 금요일 사건, 다들 아시죠?"

전개 시키는 능력도 생긴다.

"사건에 대해 저는 이렇게 생각합니다."

차츰 철학적 사고를 전하기도 하고, 화합을 유도하는 말도 전하게 된다.

두려워하지 말자. 마이크도 잡다 보면 실력이 는다. 처음엔 버벅대는 모습 때문에 웃을지 몰라도, 나중엔 나의 위트로 청중을 웃긴다. 나도 얼마든 가능하다.

한 가지 주의할 점은, 잘해보려는 마음은 좋은 자세이지만, 다 아는 듯한 시늉은 오히려 역효과를 낸다. 현재의 역량보다 자신의 기대치를 높게 잡아 불협화음이 나면 사람이 어색해진다. 나는 아직 모른다는 것을 받아들이자. 그리고 자꾸 경험해보자. 단순히 인터넷을 뒤져 외워 온 지식보다, 직접 경험한 일이 더 생생하게 잘 전달된다. 그리고 경험이 쌓이면 '시늉'이 아니라 '실력'이 된다.

사람이 많이 모이면 둘 중 하나다. 신나게 웃거나 신나게 싸우거나! 싸우는 틈에 설지, 신나게 웃는 틈에 설지, 결정은 내 몫이다. 기왕이면 마이크를 잡고 웃는 사람이 되어보자.

중요한 건 잘하는 것보다,
일단 경험하는 것에 있다.

자기소개는 짧게, 단순하게, 명료하게

마이크를 체질적으로 좋아하는 사람도 있다. 노래방에서도 마이크를 절대 놓지 않는다. 이런 사람은 누가 묻지 않아도 먼저 자기소개를 늘어놓는다.

"안녕하세요. 저는 ○○○○년 충청도….'

좀체 안 끝나는 자기소개, 끊어질 듯하다가 다시 이어지는 자기소개, 다들 본 경험이 있을 것이다.

자기소개는 얼마큼이면 적당할까?
자기소개는 너무 짧아도 길어도 안 된다. 사람이 상대를 인지하는데, 가장 효율적인 시간은 40초~1분 정도다. 그보다 짧으면 무성의해 보이고, 길면 듣는 사람이 무성의해진다.

조금 아쉬워 길게 하더라도, 3분 이상은 절대 금물이다.

자기소개가 긴 이유는 잘 보이려는 욕심 때문이다. 길면 더 강하게 인지된다고 착각하는 것이다. 하지만, 너무 긴 자기소개는 오히려 나를 나쁘게 각인시킬 수 있다.

짧은 시간에 호감을 주고 기억에 남을 수 있는 자기소개를 하고 싶다면, 아래 방법에 주목해보자.

먼저 마이크를 잡고 침묵하며 모두를 둘러보자. 2초면 된다. 그런 다음 "제가, 누구일까요?" 그리고 1~2초만 웃으며 쳐다보자. 사람들이 함께 웃는 사이, 주먹을 쥐고 손가락을 펴기 시작한다. 됐다. 시선 집중, 성공이다!

이후부턴 순서가 중요하다. 일단 이름을 말한다.

"매사에 적극적이고 열정적인 여자 임경희입니다."

인사를 하면 자연스레 박수가 나온다. 이때부터 청중이 집중하게 된다.

이때, 이름이 지어진 이유를 간략히 추가해도 괜찮다. 각인의 방법이다.

다음으로는 정보 전달 차례다.

"학교와 전공은···."

수많은 자기 경력과 능력을 다 말해줄 순 없다. 청중 분석을 통해 그들이 듣고 싶어 하는 정보, 궁금해하는 정보를 말해야 한다. 자신이 어떤 일에 전문가임을 인지시키되, 역시 길면 안 된다.

이어서 차례로 이곳에 오게 된 이유, 철학 등을 말한다. 단, 모임의 취지에서 먼 얘기라면 하지 않는 게 좋다. 취지의 범주이되 다수가 궁금해할 소재면 더 좋다.

이렇게만 해도, 짧은 내용이지만 궁금해서 다가오는 사람이 생긴다.
조금 더 시간이 주어진다면 관심사에 대해 말해도 되지만, 누군가 시선을 돌린다면 길어진 거다. 이럴 땐 빨리 인지하고 마무리해야 한다.

　첫말이 호기심을 유발하면, 일단 성공이다. 재치 있는 소개도
좋다.
　본디, 친밀감은 첫인상에서 좌우된다.
　기억하자. 길다고 좋은 게 아니다.

호감 가는 목소리를 가진 사람

요즘에는 추억을 남길 때나 상황을 기록해야 할 때 동영상을 촬영하는 일이 많아졌다. 이때 함께 녹음된 자신의 목소리를 들어보면 조금 의아하게 느껴진다.

"이게 나라고?"
"정말 이게 내 목소리라고?"

내가 듣는 나의 목소리와 상대가 듣는 목소리는 다르다.
내겐 공기를 통해 전달되는 소리와 함께 두개골의 진동을 통해 발생하는 소리가 함께 들리기 때문에 저음이 잘 전달된다.
반면에, 상대는 공기를 통해 전달된 소리만 듣게 된다. 해서 내가 알고 있는 목소리보다 조금 더 높은 톤의 목소리로 전달되는 것이다.

자신의 목소리가 어떻게 전달되고 있는지 알지 못하면, 자칫 다르게 해석되기 쉽다.

"제 말이 잘 안 들린대요."
"목소리가 허스키하대요."
"저보고 왜 그리 웅얼거리냐고들 해요."

이런 말을 들으면 의기소침해진다. 하지만 걱정할 필요는 없다. 목소리가 싫은 게 아니다. 더 정확히는 억양과 발음이 듣기 싫은 거다.

'어느 억양으로 어떻게 발음해야 할까?'
'어떻게 말해야 상대가 거북해하지 않을까?'

배우나 성우는 발음이 좋다. 왜 그럴까?
그들은 늘 자신을 TV로 확인한다. 내가 아닌 상대의 귀로 듣는 거다. 무엇이 잘못이었는지 알기에, 진즉 고칠 수 있었던 거다.

목소리에 자신 없다면 녹음해서 들어보자. 같은 말을 반복해

연습하면 된다. 노래처럼, 말에도 강약이 있다. 훈련이 많아질 수록 더 좋은 목소리가 나온다.

"너는 말할 때 보면 화내는 것 같아."
"너랑 통화하면 혼난 기분이야."

이런 말을 듣는 사람도 있다. 의외로 생각보다 많다. 나는 화 낸 것 같지 않은데, 녹음해 들어보면 화를 내고 있다. 이럴 땐 목소리 톤을 낮추자. 상대는 내가 듣는 것보다 더 높은 톤으로 듣고 있다. 같은 말이라도, 때로는 강하게 때로는 부드럽게 해 보자.

누구를 기준으로 연습하는 게 좋을지 모르겠다면, 쇼호스트 들의 말투를 따라 해보는 것도 좋다. 그리고 대화를 나누는 상 대를 가장 친하고 편한 사람, 혹은 사랑하는 사람이라고 여겨보 자. 전보다 훨씬 좋아졌을 것이다.

목소리의 톤에 집중하라

소리치는 사람을 좋아하는 사람은 없다.

화내는 사람에게도 소리치지 말라고 하지, 크게 말하지 말라고 하지 않는다. 분노할 땐 크게 말하는 게 아니라 소리치는 것뿐이다.

가수가 고음을 노래할 때도 마찬가지다. 소리친다고 하지 않는다. 큰소리와 큰 말은 엄연히 다르다.

"소리 좀 낮춰."
"소리 좀 지르지 마."

화내는 사람에게 보통 말 좀 낮추라고 하지 않는다. 소리를 낮추라고 한다. 화는 그저 소리일 뿐이다. 듣기 싫은 소리!

지금 말하려는 건, '크게 말하기'에 대한 것이다.

구분하자. 큰 소리가 아니다.

크게 한 말은 각인시키기에 좋다. 게다가 좋은 말이라면, 상대는 반전을 느낀다. 리듬을 타는 노래가 듣기 좋듯, 리듬감이 있어야 말이 듣기 좋다.

누구나 장점이 있다. 장점을 찾아내면 상대와 친밀도가 높아진다. 이때 상대의 장점을 크게 말하자. 평소보다 조금만 높여도 효과는 크다.

"넌 웃는 게 정말 좋아."

"넌 사람을 편하게 하는 재주가 있다니까."

장점을 강조하면, 친하게 지내자는 의미로 받아들인다. 친해지면 단점을 전해줘도 불쾌해하지 않는다.

단점은 장점을 말할 때보다 한참 내려야 한다. 목소리를 높인 채, 단점을 쏟아내는 건, 싸우자는 거다. 내용이 타당한가 아닌가는 다음이다.

"5분만 일찍 출발해. 과장님 머리에 뿔났잖아."

표현도 너무 직설적이지 않은 게 더 좋다. 약간의 위트를 섞는 것도 방법이다. 애초 싸우자는 의미가 아님을 알기에, 재치로 여긴다. 그만큼 생각하고 말한다는 표가 난다.

상대는 내가 함부로 말하지 않기에 들을 준비를 취한다. 목소리를 한껏 낮추면, 경청한다. 단점을 말하는데도 받아들인다.

"아, 내가 그랬구나. 몰랐어."
"그렇게 말해줘서 고마워."

단점을 말하고도 고맙다는 말을 듣는다.

장점은 크게 말하고 단점은 속살거려라.
어떤 경우라도, 나의 말에 상대가 수긍할 수 있게 된다.

기적의 온도 50도

상추나 깻잎 등 채소가 시들면 버릴 수밖에 없는데, 상하지도 않은 걸 버리자니 아깝다. 이럴 때 시든 채소를 살리는 기적의 소생법이 있다. 미지근한 물을 이용하는 건데, 그 효과가 놀랍다. 온도는 50도정도로 미지근한 물이어야 한다. 팔팔 끓는 물은 삶아져 안 되고 찬물은 변화가 없다. 중간이 기적을 만드는 온도다.

시든 채소를 미지근한 물에 담가두고 십여 분 기다리면 풍성하게 살아난다. 곧장 시들지 않는다. 원래대로 살아난 거다. 처음 사 왔을 때와 아무런 차이가 없다. 그런데 이 놀라운 방법을 아는 사람은 많지 않다.

인간관계 역시 50도로 기적을 만들 수 있다.

사과는 시든 인간관계를 회복하는 메커니즘이다. 사과하는 목소리는 중간이 제일 좋다. 높여 말하면, 마음이 전혀 없는데 억지로 하는 것처럼 들린다. 반대로 너무 말을 낮추면 누가 시켜서 하는 것처럼 여겨진다. 중간 억양을 유지하되 명료한 게 좋다. 중얼거리는 듯해도 마음이 없어 보이니 좋지 않다.

"죄송합니다. 하지만….."

"제 실수가 맞습니다. 그렇지만….."

"사과드리겠습니다만, 실은….."

이런 표현도 좋지 않다. 사과에서 핑계는 아무 효과가 없다. 핑계를 붙이려는 순간 억양은 강조되고 높아진다. 억양이 달라지는 순간, 진심을 의심받게 된다. 그리고 실제로 진심이 아닌 경우도 많다. 자칫, 사과하려는 게 아니라 따지려는 듯 여겨진다.

'하지만, 그렇지만, 실은…..' 이 붙으면 뻔한 답을 듣게 된다.

"하지만 뭐?"

"그렇지만 뭐?"

"실은 뭐?"

결국, 상대는 얼굴을 붉히고 성을 낸다.

"그게 지금 사과하는 태도야?"
"너 하나도 안 미안하구나?"

사과하려면, 덧붙여 말하지 말고 억양을 높이지 말아야 한다.
사과는 사과일 뿐이다.
사과하고 싶다면, 중간톤을 유지하자.

말이 많으면 허물을 면키

어려우나 그 입술을

제어하는 자는

지혜가 있느니라.

(잠10:19)

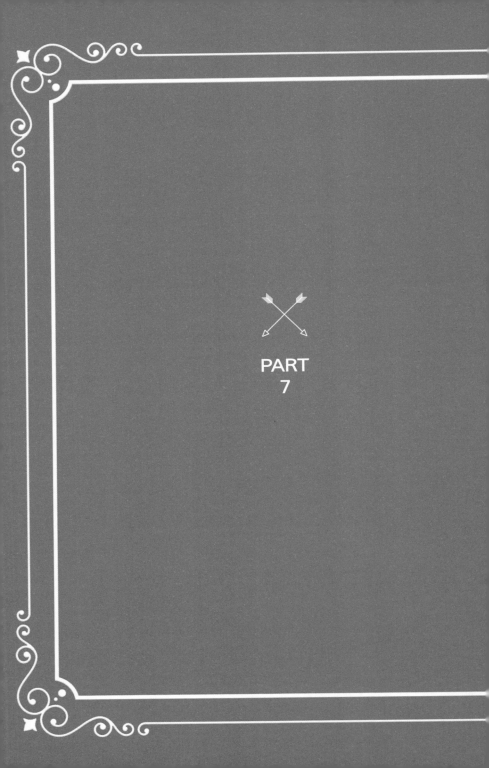

PART
7

말의 품격

인생의 방향을
설정하는 말의 경쟁력

말에도 먼지가 있다

늘 청소를 하는데도 먼지가 쌓인다. 말끔히 치웠어도 시간이 지나면 또 쌓인다. 먼지 없는 세상에 살고 싶겠지만 그건 불가능하다. 쓸모없는 먼지는 언제나 쓰레기통 행이다.

컴퓨터도 프로그램이 많으면 느려진다. 그래서 불필요한 파일은 휴지통으로 보낸다. 삭제해야 공간이 생겨서다. 하지만 얼마 후 다시 같은 현상이 반복되는데 불필요한 파일이 쌓인 탓이다.

말에도 불필요한 먼지가 있다.
당장 치워야 하는데, 방치하고 쌓아 두는 경우가 많아 불쑥불쑥 튀어나온다.

말의 먼지 중 하나는 '죽겠다!'라는 말이다. 죽겠다는 소리를 밥 먹듯 하는 사람이 많다. 자주 쓰고 듣다 보니, 버려야 한다는 생각도 없다.

"일이 성사 안 되니 죽겠다."
"그만해라. 죽겠다 진짜."
"세상 죽겠다고!"

극한의 말이 극한의 상황을 만드는 거다. 평범한 상황도 극한으로 착각하게 만든다. 그게 말의 위험이다.

보통 죽을 각오로 일하라지만, 잘못된 말이다. 죽지 않을 각오로 일해야 한다. 죽으려고 일하는 바보는 없다. 말이 버릇되어 험한 말을 아무 데나 붙인다. 절대 근사하지 않다.

"죽을 둥 말 둥 산다 진짜."
"죽지 못해 산다니까."

아니다. 말한 대로 보이는 것뿐이다. 상황이 말을 만드는 게 아니라, 말이 상황을 만든다.

겨우 말 한마디로 나를 극한으로 몰지 말자. 바보도 안 할 일이다. 그보다 어리석은 말도 없다.

　죽겠다는 말을 당장 머릿속에서 삭제하자.

　염려하지 말자.

　'나는 그렇게 쉽게 죽지 않는다!'

말의 방향

바쁘다는 말과 힘들다는 말도 만만치 않다.

제아무리 바빠도 밥 먹을 시간 없는 사람이 없고, 제아무리 힘들어도 서서 자는 사람은 없다. 죽겠다는 말이 습관이라도, 관속에서 자려고는 안 한다.

웃을 때와 나쁜 말을 할 때 몸의 엔도르핀양이 현격히 다르다고 한다. 결국, 나쁜 말은 내 몸을 지배하는 역할까지 한다.

나쁜 말은 돈을 내고 쓰는 말이다. 나쁜 말이 습관 되면 몸이 나빠지기 마련이고, 몸이 나빠지면 돈이 들기 마련이다. 결국, 나쁜 말은 돈을 내고 쓰는 거다. 일시금이라 나눠 낼 수도 없다. 감당이 크다는 말이다.

바쁘다는 말과 힘들다는 말을 합쳐보자.

"바빠서 힘들다."

힘들다는 말과 죽겠다는 말을 합쳐보자.

"힘들어 죽겠다."

세 말을 모두 합쳐보자.

"바빠서 힘들어 죽겠다."

하는 사람도 듣는 사람도 맥 빠지는 말이다.

"나는 부지런하게 살지. 그래야 즐겁지."
"일해야 좋지. 안 그럼 심심하지 않겠어?"
"사는 게 즐거운 거지. 딴 게 있어. 살아 있는 게 좋은 거지."

바쁘다고 하지 말고 부지런하게 산다고 말하자. 힘들다고 하지 말고 일해서 좋다고 말하자. 죽겠다고 하지 말고 살아 있음에 감사하다고 말하자.

　운전할 때 핸들을 많이 돌리지 않아도 좌우 회전이 가능하다.
조금만 방향을 틀어도 목적지로 갈 수 있다.
　말도 그렇다.
　방향만 바꿔도 다른 곳에 도착할 수 있다.

분노는 더 큰 분노를 불러온다

생방송 뉴스가 진행 중이다. 앵커가 기자를 불렀지만, 답이 없다. 이때 앵커보다 더 당황하는 건, TV를 보는 시청자다.

'어째, 기자 왜 안 나오는 거야?'
'기자 왜 안 나와. 빨리 나와.'

내가 앵커인 양, 어느새 기자를 황급히 부른다. 앵커의 부름에 기자의 답이 들리면 시청자도 안심한다. 이 순간이 길게 느껴지지만, 실은 몇 초에 불과하다. 대략 5초 내외다. 그런데도 무척 길게 느껴진다. 이유가 뭘까.

지나가는 사람을 폭행한, 이른바 '묻지 마 폭행'에 대한 뉴스를

접할 때가 있다. 폭행을 넘어 살인 사건이 발생하기도 한다. 이들은 단지 분을 이기지 못했다고 말한다.

'그냥 분노가 치밀어 견딜 수가 없었습니다.'

분노는 이처럼 분별력을 잃게 만든다. 홀로 분노하면 그나마 괜찮지만, 피해를 주기에 참아야 한다. 참아야 한다는 것쯤은 누구나 안다. 방법을 모를 뿐이다.

이럴때 활용할 수 있는 어렵지 않은 방법이 있다. 바로 5초 조절법이다. 자주 분노한다면, 5초 조절법을 숙지하자.

뉴스는 시청자도 생방송임을 인지해 은연중 함께 긴장한다고 한다. 긴장 상태라서 몇 초가 몇 분처럼 느껴지는 거다.
분노하면, 극한의 긴장 상태가 된다. 이때의 5초는 매우 긴 시간이다. 생방송과 마찬가지다. 심장이 뛰고 극한의 긴장 상태가 되는 거다.

지금, 분노하고 있다면, 화가 치민다면, 5초만 셈하자! '그래 봤자 5초다'를 떠올리고 숫자를 세자.

분노는 더 큰 분노를 불러온다

"하나, 둘, 셋, 넷, 다섯" 혹은 반대로 하자 "다섯, 넷, 셋, 둘, 하나" 숫자로 세어도 좋다. "1, 2, 3, 4, 5." 역시 반대도 좋다. "5, 4, 3, 2, 1."

대단한 방법도 아닌데, 효과가 크다. 멋진 방법이다.

5초만 참으면, 저절로 긴 숨이 터져 나온다. 속 터지는 한숨이 아니다. 인내하고 견뎌낸 숨소리다.

인내한 내가 뿌듯하고, 뿌듯하니 말투도 편해진다. 5초면 된다. 내 속의 분도 이기지 못한다면, 상대도 이길 수 없다.

분노엔 상대도 분노로만 답한다. 잊지 말자.

내 말은 생각보다 재미없다

모두 상대가 나와의 만남을 유쾌하게 여기길 바란다. 앞에 앉아있는 상대가 자주 미소를 보인다면 그럴 확률은 올라갈 것이다. 그런데 이런 생각에서 발생하는 실수가 제법 많다.

"이거 진짜 웃기죠?"
"이거 듣고 안 웃는 사람 없다니까요?"

말을 많이 할수록 상대에게 즐거움도 많이 준다고 생각한다. 상대가 입을 닫으면 닫을수록 더 많은 말을 꺼낸다. 자신이 말을 하지 않으면 침묵이 찾아올 것이라 여긴다. 침묵은 곧 유쾌하지 않은 만남을 만든다고 여긴다.

"봐요, 재밌죠? 이번엔 우리 회사 이야기 들려드릴게요"

"그리고 저번에도 이런 일이 있었는데 말이죠"

이런 조급한 마음은 예의상 보인 웃음에 비슷한 얘기를 잇고 또 잇는다.

상대는 관객이 아니다. 그럴 거라면 영화를 보러 가지 나를 보러올 이유가 없다. 심지어 영화도 독백이 길어지면 지루하다. 그래서 장면 전환을 하는 거다. 상대에게 기회를 주는 건 영화의 장면 전환과 같다. 새로운 전개로 지루함이 사라진다.

나는 생각보다 재미없을 수 있다. 그러나 대화가 재미있어야 한다는 강박을 버리자. 진지하다고 재미없는 게 아니다. 방송에서 진지한 토론을 하는데도 재미있는 경우가 많다. 서로 주고받기 때문이다.

웃긴 말, 재미있는 말을 하려고 애쓸 필요가 없다. 상대는 영화를 보러 온 게 아니다. 나는 배우가 아니다. 독백은 필요 없다.

내 말은 정답이 아니다

어떤 경우도 자신의 소신을 굽히지 않는 사람이 있다. 모두 나를 따르라고 소리친다.

"그 생각대로 하면 큰일 납니다."
"그건 절대 안 됩니다. 내 생각을 말해줘요?"

늘 내 생각이 옳다. 아니 내 생각만 옳다. 누구도 더 나은 생각은 못 하는 것 같다. 내 방법이 가장 편하고 가장 현명하게 느껴진다.

하지만 이때 상대 역시 나에 관해 똑같이 생각했을 것이다.

"내 생각이 정확해. 분명히 이거야."라고 말하면 호감도가

75% 이상 줄어든다고 한다. 반대로, "아, 그런 거였군요."라고 말하면 호감도가 90% 이상 상승한다고 한다.

근거 없는 말은, 스스로 비호감의 구렁텅이에 빠지는 행위다.

이런 경우 온당한 비평을 하더라도 비난으로 듣는다.

'저 사람은 늘 자기 생각이 옳아. 물어볼 필요가 없어.'
'맞아, 결국 자기 말이 다 맞는다고 우길 텐데 뭐.'

어느새 고정된 이미지는 건전한 비평 기회마저도 잃게 한다.
누군가를 비평하고 싶다면, 비난하는 습관을 버려야 한다. 내 말만 주장하는 것, 역시 일종의 비난이다.

상대의 의견을 인정하는 건, 내 의견이나 답을 포기하는 게 아니다. 상대의 의견이나 답을 존중하는 행위이다. 혼자 답을 내려는 습관을 버리자. 함께 상의하면 객관적인 답이 나온다.

비평과 비난의 현격한 차이

비평과 비난을 헷갈려하는 사람이 있다. 한껏 욕해놓고 비평이라고 둘러대기도 한다. 비평과 비난을 구별치 못하면 무례해질 수 있다.

"색채가 강렬하지만, 천국의 표현이 약해 보입니다."

이는 비평이다.

"이게 천국? 이게 낙서지 어디 그림이야?"

이는 비난이다.

두 가지 표현 모두 칭찬이 아니라는 점은 같다. 하지만 현격한 차이가 있다. 단순하게 비교해보자.

비평은 상대가 듣더라도 불쾌하지 않지만, 비난은 상대를 맞대고 하면 자칫 싸움이 생길 말이다. 비평은 어떤 일에 대한 분석, 해석의 전달을 일컫는다. 상대가 충분히 수긍하는 차원 안에서다. 반면 비난은 깎아내릴 목적을 둔 언어 즉, 욕이다.

예술가들이 자주 하는 부탁이 있다.

"내가 만든 음악이야. 어때?"
"그간 쓴 소설이야. 읽어보고 얘기해줘."

어느 예술가도 좋은 평을 원한다. '모두 비평해 달라는 건, 칭찬해 달라는 거다.'라는 말도 있듯이, 실은 비평이 아닌 칭찬을 원하는 경우가 다반사다. 그러나 건전한 비평은 누구에게나 필요하다.

단, 상대가 기분 좋게 받아들일 수 있어야 진정한 비평이다. 지식이 전혀 없는 상태로 비평하다 자칫 비난이 되기에 십상이다.

비평은 욕, 비방과는 차원을 달리한다.

말을 조심하라, 상대의 말을 존중하라고 배웠다. 당연히 그래야 하지만, 비평까지 절제할 필요는 없다. 비난과 구별해 사용한다면, 나와 상대를 성장시키는 수완이 된다.

때론 거절해도 괜찮아

거절을 못 해 보험을 들어주고 부담스러운 돈을 내는 사람들이 있다. 거절을 못 해 힘겹게 일을 도와주러 다니기도 한다. 이렇게 거절하지 못하는 버릇이 생기면 생활이 힘들어진다. 아주 사소한 것도 거절하지 못해 절절매다 보면 자괴감에 빠지기도 쉽다.

'아 또 거절하지 못했어.'
'그때 못한다고 말했어야 했는데.'

거절은 나쁜 게 아니다. 거절은 나쁘다는 인식이 나쁜 것이다.
거절하지 못해 다 들어주는 상황이 지속되면, 나중에는 누군가 '부탁'이라는 말만 꺼내도 지레 겁먹고 피하고 싶어질 수 있다. 그러나 '잘' 거절하고 싶다면, 일단 진지하게 최대한 끝까지 들어주는 것이 중요하다. 그래야 오해가 생기지 않는다.

그렇다고 대화 내내 고개를 끄덕이며 긍정의 사인을 보내라는 말은 아니다. 들을 때는 상대에게 집중해주되 중립의 자세를 유지해야 한다.

그다음으로 놓치지 말아야 하는 것은 타이밍이다.
말을 다 듣고 난 후에는 답을 건넨다. 듣는 동안 내가 과연 도움이 가능한 사람인지, 가능한 상황이 되는지 빠르게 결정해야 한다. 말할 때는 일단 듣는 자세만 취하되 다 듣고 난 다음엔 곧장 반응해 주는 게 좋다. 그렇지 않으면 여지를 주게 되어 더 집요해질 수 있다. 자칫 거절하기 더 미안해지는 상황이 된다.

"말씀은 감사하지만 제게는 어울리지 않는 제안인 듯합니다."
"여건이 된다면 도움 드리고 싶지만, 지금은 시간을 내기가 버거운 상태입니다."
"잘 들었습니다만, 제가 관심 있는 분야는 아닌 것 같습니다."

때론 거절해도 괜찮다. 거절하는 것이 어려워 무리한 부탁임에도 승낙했다가 제대로 도움을 주지 못하게 되면, 오히려 상대 뿐만 아니라 나 역시 난처한 상황에 빠지게 된다.

상대의 처지에 초점을 맞추지 마라. 그가 딱한 상황이라고 내 게 없던 능력이 생기거나, 없던 시간이 생기는 것이 아니다. 내 게 어떤 도움을 원하는지, 나는 그것을 해줄 수 있는지에 초점 을 맞춰야 한다.

거절의 메커니즘

부탁을 거절하지 못하는 가장 큰 이유는, 상대와의 관계가 염려되기 때문일 것이다.

여기서 알아야 할 건, 부탁을 거절해서 관계가 틀어지는 것이 아니다. 원인은 부탁해오는 상대를 대하는 '태도'에 있다.

무엇보다 거절의 의사를 전할 때 방황은 금지다. 마치 부탁을 들어줄 듯 우왕좌왕하면 희망 고문만 주는 셈이다. 생각해보겠다는 희망 고문보다 확실한 거절이 상대를 위해 바람직하다.

그리고 되도록 직접 만나서 거절하는 것이 좋다.

거절을 어려워하는 사람들은 대면해서 말하기보다 문자메시지나 이메일을 곧잘 이용한다. 보는 앞에서 힘든 말도 문자메시

지나 메일은 덜 무안해서다.

하지만, 이 방법을 무조건 추천할 수는 없다.

이메일이나 문자메시지로 할 경우, 다시 부탁해오는 경우가 많다. 업무 중 자꾸 문자메시지가 오면, 괜히 불안해진다. 다시 보내온 이메일에 고민이 커진다. 열어보자니 걱정이고 안 열어보자니 상대가 수신확인을 해볼 것 같다.

직접 만나서 거절한 경우에는 상대의 수긍이 빠르다. 당장 조금 불편한 게, 두고두고 불편한 것보다 훨씬 낫다.

마지막으로, 사람들이 자주 놓치는 것이 하나 있는데, 거절의 의사를 전달한 이후도 중요하다.

거절하면, 상대에게 먼저 연락을 못 하는 경우가 많다. 뭐라고 말해야 할지 알 수 없기 때문이다. 이럴 땐, 특별한 날을 기억해주는 방법이 있다. 생일과 기념일 등을 축하해주는 것이다. 거절한 직후라면 '부탁은 안 들어주더니'라고 생각할 수 있지만, 시간이 지난 후면 반대가 되어 있을 수 있다.

"그러고 연락도 없네."
"참 매정한 사람이었네."

"내가 언제 인연 끊자고 했나?"

　오랜 시간 후, 연락하게 되면 상대는 어떻게라도 문제를 해결했을 확률이 높다. 상대는 내게만 부탁한 게 아닐 테니 말이다.

　거절하고 거절당한 얘기는 안 해도 된다. 상대도 분명히 더는 할 마음이 없다. 미안했다느니, 하는 말 역시 안 해도 된다. 괜찮다. 나는 따듯한 말로 다시 상대를 대하면 된다. 이전에 명확히 거절했다면, 다시 부탁할 확률은 매우 낮다. 누구도 반복된 거절을 경험하고 싶지 않기 때문이다. 정확하게 거절해야 하는 이유다.

　단, 편히 들어 줄 수 있는 부탁은 흔쾌히 들어주자. 아니라면 기분 나쁘지 않게 거절하되, 연락을 주고받자. 거절하더라도 사람은 잃지 말자.

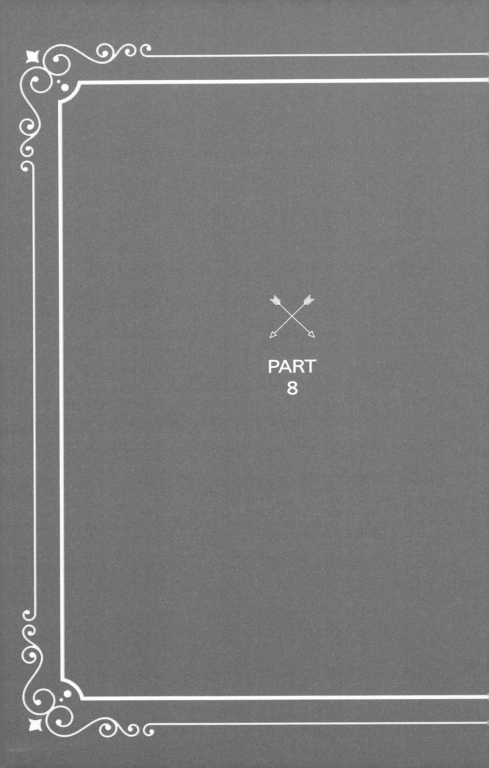

PART
8

말의 진정성

말의 본질이 가진
핵심 경쟁력

먼저 다가가는 인사

얼마 전 A 씨의 집 앞에 이탈리아 레스토랑이 오픈했다. 평소 한식을 즐기는 편이라, 갈 일이 없다고 여겼었다. 그런데 얼마 지나지 않아 레스토랑 사장이 건넨 '이것' 덕분에, A씨는 그곳의 단골이 됐다.

레스토랑의 젊은 사장은 A 씨와 나이대가 차이 난다.

"아, 안녕하세요?"

먼저 말을 건넨 건 젊은 사장이었다. 어쩌다 가게 앞을 지나면, 애써 밖으로 나와 웃은 얼굴로 인사를 건네곤 했다.

그러던 어느 날이었다.

동네에서 제법 떨어진 곳에 들렀는데, 마침 마트가 할인 행사 중이었다. 충동 구매욕 때문인지 너무 많이 샀나 싶던 때, 레스토랑 사장을 발견했다. 그는 평소 허리가 안 좋았다. 좀 도와달라고 할까 싶었지만, 평소엔 그저 헛인사를 건넸을 테니, 자신을 알아보지 못할 거라고 생각했다. 먼저 말을 건넸다가 "혹, 어디서 뵀었죠?"라고 물으면, 꽤 난감할 테니 말이다.

그런데 웬걸, 눈이 마주치자 곧장 다가와 인사를 건네고는 짐을 번쩍 들어 올렸다.

"다른 동네에서 뵙게 될 줄은 생각도 못 했습니다. 여기서 뵈니까 더 반가운데요."

레스토랑 사장은 그를 정확히 기억했다. 웃는 얼굴에 기분이 더 좋아졌다. 괜찮다는 데도, 집까지 짐을 가져다주었다. 얼마쯤은 장삿속이라는 걸 알지만 고마운 마음이 드는 건 어쩔 수 없다.

A는 결국, 가게를 가게 됐고 한식과 접목한 메뉴를 권유받았

다. 마트에서 나오며 지나가듯 건넨 "나는 한식을 좋아하거든. 이탈리아 음식은 먹어 본 적도 없어"라는 말을 기억한 거다. 그는 레스토랑 사장이 전보다 더 좋아졌다.

A 씨는 이제 집에 손님이 오면, 일단 레스토랑으로 간다.

"사장이 나하고 아주 친하거든."

인간관계의 처음은, 주로 목적이다. 하지만, 경계를 넘으면 목적은 뒤로 밀린다. 사람이 처음이 되는 거다.

레스토랑 사장이 먼저 건넨 건 명함이 아니었다. 친절로 자신을 소개했다. 그리고 통했다. 이런 그에게 명함은 따로 필요치 않다. 그의 신뢰, 그의 말이 곧 명함이니까.

말로 연결하라

CEO 과정 이수엔 비용이 꽤 든다. 그런데도 사람이 몰리는 건, 인맥 형성 때문이다. 이들은 돈보다 사람을 귀히 여긴다. 사람이 재산이라는 걸 안다. 재산을 늘리는데 '말'이 얼마나 중요한 역할을 하는지도 누구보다 잘 아는 사람들이다.

교육과정을 이수하며 지식도 쌓고 사람도 만나니 일거양득이다.

학기를 마치면 회식을 하는 경우가 많다. 친밀도를 높일 좋은 기회가 된다. 이땐 서로 익숙할 듯한데, 꼭 그렇지만도 않다.

"우리 동기 맞아요?"

"왜 나는 처음 본 사람 같죠?"

함께한 지 몇 날인데, 그제야 인사하는 해프닝도 벌어진다.

이처럼 존재감이 희미한 사람들이 있다. 그동안 친해지지 못한 게 아쉬워진다.

"저는 ○○○라고 합니다. 만나서 반갑습니다."

반대로 적극적인 성격이면 처음부터 자신을 각인시키려고 한다. 적극적인 성격은 자신을 알리기 수월하다. 이런 성격은, 리듬을 잘 타면 분위기를 띄우는 사람으로 활약한다. 흔히 분위기 메이커로 불린다. 이들은 양방향 커뮤니케이션이 가능한 능력자다.

"지난번에 말씀하신 곳 직접 가봤습니다. 멋진 곳이었어요."

무엇보다 중요한 건, 이들은 듣고 실천한다. 상대에게 얻은 지식을 곧장 실천해보는 거다. 추천한 곳에 다녀오고, 알려준 방법을 실천해보고 피드백을 전한다. 시간을 할애한 건, 상대를 신뢰한다는 의미다. 말에 진정성이 담기게 되는 것이다.

말을 허투루 하지 않는 사람에게는 무게감이 생긴다. 주변 사람들은 그의 말을 집중해서 듣게 된다.

사람과 사람은 진정성이 담긴 말로 연결하라.
영향력은 이렇게 만들어진다.

약속은 증표다

"여러분! 제가 반드시 도로를 넓히겠습니다."

선거철엔 곳곳에서 공약이 쏟아진다. 듣다 보면 당장 내일부터 편리한 세상을 맞이할 것만 같다.

"확실히 지키겠습니다."

번지르르한 말에 표를 주지만, 실행은 거의 하지 않는다. 도로에 차는 여전히 막히고 확인자는 없다. 따지러 갔더니, 바빠서 못 본단다.

공약은 '말'의 계약이다. 약속 불이행은 일종의 계약위반이다.

지키지 못 할 말은, 애초 꺼내지 말아야 한다.

말의 큰 비중을 차지하는 게 '약속'이다.

"다음에 꼭 가지고 올게. 약속해."
"내가 그날까지 꼭 한다니까."

약속이행 여부에 따라 신뢰도의 점수가 바뀐다.

"결국, 말뿐이었네."
"저 사람은 말을 지키는 법이 없어."

신뢰는 엄청난 가치다. 신뢰가 무너지는 것은 모두 말 때문이다.
약속은 신중해야 한다. 마음을 얻으려고 실행 불가한 걸 말하면 안 된다. 말은 꼬리가 길다. 아무리 도망쳐도 곳곳에서 밟히기 마련이다.

"당장은 불가능합니다."
"실험 후 정확히 말씀드리겠습니다."

약속은 증표다

실천 불가능할 땐, 명확하게 전달해야 한다. 당장 못 한다는 이야기에 실망감이 드는 것은 그때 잠시지만, 거하게 약속하고 지키지 않으면 영원히 실망한다. 말로 붕괴한 신뢰는 복원이 힘들다.

약속의 말은 증표다. 오래도록 인간관계를 이어가겠다는 선언이다. 약속 불이행은 나를 '말만 번지르르한 사람'으로 만든다.

약속했다면, 내가 한 '약속의 말'을 기억하자.

눈빛, 눈에서 배어 나오는 빛

아기들은 엄마와 눈을 마주치면 웃는다. 아직 말을 배우지 못했지만, 엄마와 눈빛으로 교감한다. "까꿍" 소리에 큰 소리로 웃는다. 아직 이가 나지 않아 그 모습은 더 사랑스럽다.

결혼식장에서 신혼부부는 서로의 눈빛을 보며 마냥 웃는다. 가장 행복한 날이라서다. 서로 맞절하라는 사회자의 말에 쳐다보며 또 웃는다. 축하객들도 덩달아 웃는다.

"이제 신랑 신부 부모님께 인사."

엄마와 눈을 마주한 신부의 눈에, 순간 눈물이 고인다. 뭐라 한 것도 아닌데, 눈물이 곧장 떨어지려 한다. 신랑이 재빨리 제

손으로 신부의 눈물을 훔치더니. 제 눈물도 닦는다.

누구도, 이제 울 시간이라고, 울어야 한다고 말한 적 없지만, 눈을 마주하면 이렇게 된다. 마음이 통하면서 그토록 밝던 눈에서 눈물이 쏟아진다. 다행이라면, 슬픈 눈물이 아니라는 점이다.

죄를 지은 사람은 고개를 들지 못한다. 억지로 고개를 올려도 눈은 바닥에 고정한다. 상대를 마주할 자신이 없다. 상대는 진심이고 나는 거짓이라서다.

상대와 눈을 마주하는 건, 내가 당신에게 부끄럽지 않다는 의미다. 또 대화할 용의가 있다는 표시다. 상대와 눈을 마주치지 못하는 건, 자신이 없다는 의미다. 상대의 이야기를 듣지 않겠다는 표시다.

엄마는 아기의 눈빛만 보고도 다 안다. 신랑 신부는 서로의 눈빛만 보고도 다 안다. 진심으로 마주한 눈은 말이 필요 없다. 서로 말없이 1분만 눈을 맞추기만 해도, 마음이 뜨거워진다. 알 수 없는 눈물이 흐르기도 한다.

지나친 응시는 부담을 주기에 권고할 수 없지만, 그게 아니라면 상대와 눈을 마주하는 게 좋다.

눈에 빛을 담아 전달해보라.
어느 순간 말하지 않아도 진심이 통하게 된다.

위트 없이도 상대를 웃기는 방법

스트레스 수치를 낮춰주는 영상이 있는데, 다름 아닌 갓난아기의 웃음이란다. 환자도 갓난아기의 웃음엔 잠시 고통을 잊는다고 하니, 그 위력이 대단하다.

코미디언을 보면, 배꼽을 쥐게 된다.

"어떻게 저런 생각을 하지?"
"너무 웃겨, 아 배 아파."

직업이 다른 이에게 웃음을 주는 거라지만, 분명 뛰어난 재주다. 누군가를 웃게 하는 재주를 가졌다는 건, 엄청난 축복이다. 유머를 가진 사람은 복 받은 사람이다.

누군가를 웃게 했던 기억은 오래간다.

선물하는 이유는, 받는 이의 웃음 때문이다. 선물에 찡그리는 사람은 없다. 상대에게 웃음을 선사한다.

그런 의미에서 대화 상대가 내 말에 웃었다는 건, 선물을 안겼다는 것과 같다. 상대가 고마워한다면 내가 건넨 선물이 근사하단 표시다.

질리지 않는 표정은, 웃는 얼굴이다.

"밝게 웃는 모습이 참 보기 좋습니다."

웃길 재주가 없다면, 웃는 것도 좋다. 아무리 잘난 외모도 굳은 표정엔 감춰진다. 웃는 직원에게, 상사의 화가 누그러지고, 웃는 연인에게 모진 말을 내뱉는 사람은 없다. 주변 사람들이 밝은 모습으로 지내길 원하면, 내가 자주 웃으면 된다.

웃음은 전파가 빠르다. 범위가 넓을수록 환영받는다. 극장에서 다 같이 보면 훨씬 웃기지 않던가. 웃음은 마력이다. 어떤 값어치로도 줄 수 없는 최고의 에너지다. 나의 한마디가, 상대를 웃게 한다면 엄청난 에너지를 선물한 것이다.

　웃는 표정처럼 보기 좋은 건 없다.

　꽃도 웃음보다는 향기가 약하다.

　한번 생각해보자.

　오늘 나는 어떤 말로 사람을 웃게 했을까?

상대를 춤추게 하는 기술

함께 노래방에 가면 노래는 못 불러도 탬버린은 잘 치는 사람이 있다. 노래가 시작되면 곧장 탬버린을 들고 몸을 흔든다. 춤도 엉성한데, 그 흥이 싫지 않다.

스스로 탬버린을 든 사람은 절대 찡그리지 않는다. 망설이던 이들도 그 덕에 용기가 난다. 어느새 모두 춤을 춘다.

반대로 한번 쥔 마이크를 놓지 않으려는 사람이 있다. 주도권을 가져야만 안심이 되는 거다. 노래방은 즐거워지려고 간다. 노래를 뽐내는 대회가 아니다. 사람들은 노래를 잘 부르는 것보다 즐겁게 해주는 사람을 선호한다.

얌전하던 동료가 박자를 맞추며 탬버린을 흔든다. 생각지 못한 반전에 즐거움은 배가 된다.

탬버린만 잘 쳐도 주변에 웃음이 전염된다.
대화도 그렇다. 대화는 박자 게임이다. 혼자 즐기는 경기가 아
니다. 대화를 캐치볼에 비유하는 이유다.

"어떻게 그런 생각을 하셨어요?"
"저라면 어림도 없을걸요?"

노래방에서도, 대화를 나누는 중에도, 탬버린만 잘 울려줘도
상대는 춤을 춘다. 주도권의 욕심을 버리고 상대에게 마이크를
건네자. 그리고 탬버린을 울리자.

대화 중에 발생하는 작은 실수에도 답은 탬버린에 있다. 유머
가 탬버린 구실을 한다. 위트는 훈련이 필요하다. 개그 프로나
책, 여러 기능을 내 것으로 만들자. 잘 웃지 않는 친구에게 실험
해보자. 답이 나온다.

곧장 탬버린을 들자.
상대와 거리가 좁혀진다.

따뜻한 말 한마디

저녁 시간, 한 소년이 꽃집 앞에서 서성댔다. 꽃집 주인이 문을 막 닫으려던 참이었다. 그때 꽃가게 앞을 지나던 한 신사가 다가왔다.

"꽃을 사야 하는구나?"

소년은 머뭇거리다 그에게 답했다.

"네. 그런데 안 사려고요."

신사는 꽃가게 앞에 놓인 작은 화분을 쳐다보았다. 작은 화분 속에 카네이션이 심겨 있었다. 늦은 저녁이라 그런지 다른 가게는 문을 닫았고, 꽃을 사려면 이곳 이여야 했다. 만 오천 원, 신사에게 큰 가격은 아니지만, 학생에겐 만만한 돈이 아니다.

그날은 5월 7일이었다. 신사는 고향 어머니와 전화 통화를 마치고 길을 지나던 중이었다.

"어머니, 정말 죄송해요. 내일이 어버이날인데 찾아뵐 수가 없어서요."

그에게 중요한 업무가 생겨 도저히 시간을 낼 틈이 없었다. 고향 어머니께 그저 전화로만 안부를 여쭸다. 그러다 소년을 마주한 거다.

"카네이션 사고 싶은데, 용돈이 좀 모자란 거니?"

신사는 웃으며 소년에게 물었다.

"네. 근데 괜찮아요."

"그럼 아저씨가 꽃 사줄게. 엄마 갖다 드려. 실은 아저씨는 엄마를 보러 못 가거든. 정말 불효자가 됐지 뭐야. 다행이다. 꽃 살 일이 생겨서."

신사가 꽃 가게의 문을 열려는데, 이미 밖으로 나온 주인이 눈물을 닦고 있었다.

"어머, 어째요. 아까부터 봤는데. 내가 무관심했어요. 왜 그 생각을 못 했을까요? 꽃을 살 거면 얼른 사지 않고, 뭘 저리 망설이나 그 생각만 했거든요."

신사가 꽃값을 내겠다는데도 꽃 가게 주인은 받지 않았다. 포장까지 마치고는 소년에게 화분을 건넸다.

"엄마 갖다 드리고 기왕이면 노래도 불러드리렴."

소년은 몇 번이나 고맙다고 인사를 건네고 돌아갔다. 꽃 가게 주인이 눈물을 흘렸다. 돌아가는 신사에게 꽃가게 주인이 말했다.

"고맙습니다. 꽃가게 주인 하길 정말 잘했네요."

신사도 답했다.

"제가 더 고맙습니다. 따듯한 분이 꽃가게 주인이셔서요."

따듯한 말은 모두를 행복하게 한다. 따듯한 말은 진심에서만
가능하다. 진심은 전이가 빠르다. 신호위반은 금물이지만, 진심
은 예외다. 높이 규정도, 속도 규정도 없다. 더 빨리 가도, 더 많
이 실고 가도 시비 걸지 않는다.

잠자리에 들기 전, 잠시만 떠올려 보자.

'오늘 따듯한 말을 더 많이 했을까. 분개한 말을 더 많이 했을
까?'
'오늘 칭찬을 더 많이 했을까. 험담을 더 많이 했을까?'

분개와 험담이 대부분이라면, 애써 불행하게 사는 것이다.
따듯한 말을 건네자.
상대가 아니라 내 마음이 먼저 따듯해진다.

유순한 대답은 분노를

쉬게 하여도 과격한 말은

노를 격동하느니라

(잠15:1)

에필로그

누구에게나 이야기는 있다

광주 민주화 운동이 벌어지던 때, 소녀는 겨우 중3이었다. 소녀의 학교 근처엔 조선대학교가 자리해 있었다.

"언니 오빠들은 공부가 싫은가 보다."
"매일 매일 데모하는 걸 보면 공부는 뒷전이라니까."

소녀는 대학교에 다니는 언니 오빠들을 보며 한심하다고 여겼다.

"공부가 싫으면 대학은 뭐 하러 갔담?"

모여 외치는 소리에도 관심이 없었다. 뭘 얻으려고 그러는 것인지, 알지 못했고 관심도 없었다.

그러던 어느 날이었다.

"학교가 휴강이라고?"
"광주 전체가 휴강한대."

소녀는 그 말에 놀랐다.

'무슨 일일까. 대체 우리 광주에 무슨 일이 벌어지고 있는 것일까.'

학교도 일찍 마치고 할 일이 없던 소녀는 친구의 집으로 놀러 갔다.

"어? 대학교 오빠들 아니세요? 어, 언니들도 있네?"

친구의 집에는 대학생들이 모여있었다. 소녀는 평소 궁금한 게 많았다.

"왜 그렇게 언니 오빠들은 매일 데모를 해요? 불만이 뭔데요?"

소녀는 그때까지 대학생들이 할 일이 없거나 공부가 싫어 그런 거라고만 생각했다. 그런데 그게 아니었다. 할 일이 없던 것도, 공부가 싫었던 것도 아니었다. 모든 걸 알아들을 수는 없었지만, 자유를 빼앗겼다는 의미는 알 수 있었다.

소녀는 민주화의 의미에 관해 처음으로 듣게 되었다. 지금까지 누구도 말해주지 않아 몰랐던 것뿐이었다. 너무도 큰 충격이었다. 가슴이 터져 버릴 것처럼 아파 왔다. 대학생 언니 오빠들에게 미안해 견딜 수가 없었다.

"왜요, 왜 우리가 그래야 하는데요?"

소녀의 눈에는 눈물이 고였다. 내가 조금만 어른이었다면 얼마나 좋을까 싶은 생각이 들었다.

그때, 광주엔 거센 폭풍이 몰아쳐 왔다. 폭풍의 위력은 엄청났다. 광주시민의 마음은 모두 하나였다. 소녀도 그 안에 있었다.

"어서 타, 어서 타라고."

소녀는 친구 희숙이를 설득해서 시민운동 버스에 함께 타게 되었다. 그 버스는 나주 경찰서로 향했다. 총기를 꺼내고 모두

시민군으로 무장하게 되었다.

그때 하늘이 울었고 광주시민 모두가 울었다. 그리고 소녀도 울었다.

광주 한복판, 소녀는 가슴이 아파 견딜 수가 없었다. 눈물이 펑펑 쏟아져 내렸다.

'안 돼. 절대로 안 될 일이야.'

시민군에 동참하고 싶었지만, 총을 쏠지 모르는 소녀에겐 따로 할 일이 생겼다.

소녀는 어린 시절부터 웅변을 잘했다. 초등학교 교사였던 아버지는 자식들에게 웅변을 시켰는데, 특히 소녀가 뛰어나게 잘했다.

소녀의 어머니도 말재주 꾼이었다. 동네를 다녀와 전해주는 이야기는 너무도 재미있어서 아무리 들어도 질리지 않았다. 그 때문이었을까. 소녀는 마이크를 잡아야겠다고 생각했다. 소녀는 사람들 앞에서 말하는 걸 두려워하지 않았다.

소녀는 떨지 않았다. 떨어선 안 된다고 생각했다. 자신이 떨면

광주시민이 떤다고 생각했다. 정신을 똑바로 차려야 한다고 속
으로 외치고 또 외쳤다.

소녀는 마이크를 곧게 잡았다. 그리고 허리를 폈다.

광주는 거센 폭풍 속에 휩싸여갔다. 시민의 외치는 소리는 하
늘로 퍼져나갔다. 그때 많은 사람이 도로에 쓰러졌다. 소녀는
믿을 수가 없었다.

'뭔가 잘못된 거야. 세상이 분명 잘못되고 있는 거야.'

소녀는 더 강하게 마이크를 붙잡았다. 그리고 목에 힘을 줬다.
처음엔 목소리가 터지지 않았다. 뭔지 모를 두려움이 엄습했다.

'아니야. 나는 겁나지 않아. 어렸을 적부터 엄마가 말해준 게
있어. 진심으로 말할 땐, 두려워할 게 없는 거라고.'

소녀는 다시 용기를 냈다.

'웅변할 땐, 앞에 모인 사람을 쳐다보는 거야. 나는 당당하고
자신 있다는 표정으로 말해야지 사람들이 호응하는 거야.'

소녀는 아버지의 말을 떠올렸다.

'그래, 난 잘할 수 있어.'

소녀는 가슴이 떨렸지만, 두려워서가 아니었다. 불타오르는 자신감 때문이었다. 이제 떨리지 않았다. 아니 겁나지 않았다.

소녀는 마이크를 굳세게 잡고 목에 힘을 줬다. 목소리가 터져 나갔다.

"시민 여러분, 잠시 후 3시에 시민회관에서 총궐기대회가 있습니다. 시민 여러분께서 모두 함께해주십시오. 다시 한번 말씀 드리겠습니다. 잠시 후, 시민회관에서 총궐기대회가 있습니다. 시민 여러분 모두 함께 해주십시오."

소녀는 그날 목이 터지라 외쳤다. 허리를 펴고 더 크게 외쳤다.

"모두, 모두 함께해주십시오."

소녀는 다시 소리쳤다.

"모두, 모두 함께해주십시오."

소녀의 목소리가 하늘로 퍼져나가고 있었다.

'소녀의 이야기는, 나 임경희의 실화다.'
셰익스피어의 이야기만 위대한 게 아니다. 당신이 살아온 날
들, 당신의 오늘이 가장 멋진 말이며, 이야기다.

내가 모두에게 뛰어난 말재주를 가르쳐 줄 수는 없을지도 모
른다. 하지만, 자신 있게 말할 수 있다. 진심은 다 통한다. 당장,
멋지게 말하지 않아도 괜찮다.

"세상에서 가장 멋진 말은, 바로 당신의 인생이다."

염려하지 말고, 마이크를 잡아라.
누구에게나 이야기는 있다!

선한 말은 꿀송이 같아서

마음에 달고

뼈에 양약이 되느니라.

(잠16:24)